KB264060

주님, 보시기에 아름다우셨습니까

주님, 보시기에 아름다우셨습니까

지은이 | 림형천
초판 발행 | 2025. 12. 17
등록번호 | 제1988-000080호
등록된 곳 | 서울특별시 용산구 서빙고로65길 38 두란노빌딩
발행처 | 사단법인 두란노서원
영업부 | 2078-3333　FAX | 080-749-3705
출판부 | 2078-3331

책 값은 뒤표지에 있습니다.
ISBN 978-89-531-5233-5　03230

독자의 의견을 기다립니다.
tpress@duranno.com　www.duranno.com

두란노서원은 바울 사도가 3차 전도여행 때 에베소에서 성령 받은 제자들을 따로 세워 하나님의 말씀으로 양육하던 장소입니다. 사도행전 19장 8-20절의 정신에 따라 첫째 목회자를 돕는 사역과 평신도를 훈련시키는 사역, 둘째 세계선교(TIM)와 문서선교(단행본·잡지) 사역, 셋째 예수문화 및 경배와 찬양 사역, 그리고 가정·상담 사역 등을 감당하고 있습니다. 1980년 12월 22일에 창립된 두란노서원은 주님 오실 때까지 이 사역들을 계속할 것입니다.

4대 목사의
목회 이야기

주님,
보시기에
아름다우셨습니까

림형천 지음

두란노

차 례

목회는 사랑입니다

35년간 담임목회를 하면서도 설교집 하나 출판하지 않았다. 못했다고 하는 것이 맞다. 첫 번째 이유는, 부끄러움이 가장 크다. 내 설교를 마치 자랑하려는 것 같아 늘 조심스러웠다. 스스로 부족하다는 생각을 갖고 살았다. '내가 좀 더 잘 준비되었다면…' '내가 좀 더 부지런했다면…' 하는 아쉬움이 늘 있었다.

언제나 설교를 준비하면서 고백할 수밖에 없는 것은, 말씀은 성령님이 허락해 주신다는 사실이다. 아무리 설교자가 열심히 묵상하고 공부하고 설교를 준비하여도 이 말씀으로 열매 맺는 분은 성령님이다. 설교자는 도구일 뿐이다. 혹여라도 설교집이 하나님의 영광보다 나를 드러내는 일이 된다면 합당하지 않다.

책을 출판하지 못한 두 번째 이유는, 이 책을 대부분 믿는 사람들이 보게 된다는 사실 때문이다. 책을 낸다면 믿지 않는 사람들도 읽을 수 있는 책이면 좋겠다는 바람이 여전하지만, 목회에 쫓기다 보니 이 바람은 잘 이루어지지 못했다. 앞으로 믿지 않는 이들도 볼 수 있는 책을 내게 되기를 기대해 본다.

그런데도 이렇게 책을 출판하게 된 이유가 있다.

첫째는, 나와 함께 주님을 섬기는 일에 동행해 준 교우들에게 선물하고 싶었다. 목회자가 교우들에게 줄 수 있는 최고의 선물은 하나님이 내게 주신 생각과 삶이라는 생각이 든다. 목사는 교우들의 기도와 사랑과 격려를 받으며 목회를 감당해 낸다. 이런 사랑은 물질이나 물건으로는 값을 길이 없다. 늘 담고 있던 마음들을 전해 드린다면 그것이 가장 귀한 선물이 될 것이라고 믿는다.

목사는 자기 삶을 드러내는 일에 늘 조심스럽다. 가능하면 나 자신의 이야기를 감추는 것이 오히려 좋다는 생각을 하며 살아왔다. 왜냐하면 내 삶을 드러낼수록 주님보다는 나를 드러낼 수 있기 때문이고, 주님의 뜻과 영광을 가릴 수 있기 때문이다. 하지만 설교자의 인격과 영성, 그리고 삶 없이 설교를 이해하기가 어려운 것도 또한 사실이다. 늘 조심스러워 드러내지 못했던 생각들을 전할 수 있다면 그것도 소중한 선물이 될 것이라고 믿는다.

둘째는, 훌륭하지는 않았더라도 먼저 그 길을 달려간 목사의 경험과 생각들이 앞으로 달려가야 할 후배들에게 안내판이 되어 주면 좋겠다는 기대를 담았다. 미국에서 유학하고 이민 목회를 했지만, 나는 한국에서 태어나 성장했고, 다시 한국으로 돌아와 목회를 했다. 이런 내 경험이 누군가에게 도움이 될 수 있다면 얼마나 감사한 일인가.

목회가 언제나 쉬운 것도 아니고, 시대도 늘 변화한다. 그럼에도 앞서 행했던 이들의 삶의 경험과 고민, 그리고 노력들이 앞으로를 살아가야 할 이들에게 꿈과 지혜가 될 수 있으리라 믿는다. 먼저 길을 간 목사에게 하나님이 허락해 주신 목회 여정이 분명 같은 길을 가는 이들에게 도움이 되리라 믿는다.

　목회는 분명 사랑이다. 불러 주시고 맡겨 주실뿐 아니라 늘 함께해 주신 주님의 사랑이 목회를 가능케 했다. 또한 주님의 뜻을 이루기 위하여 함께해 준 교우들의 사랑이 없었다면 목회의 열매는 맺힐 수가 없었을 것이다. 35년의 목회를 마무리하면서 주님께 감사를 드린다. 더불어 나와 동행한 교우들에게 감사를 전한다.

2025년 12월

림형천 목사

■ Part 1

▲
사랑은
결코
버려지지 않습니다

사랑을 꿈꾸다

목회는
아름다워야
합니다

Chapter 01

사랑은 결코
버려지지 않습니다

∙∙∙ 책과 넥타이는 사랑을 싣고

35년간의 담임목회를 마무리하면서 여러 가지를 정리하고 있다. 짐도 줄여야 하고 이사도 준비해야 한다. 그동안 자연스럽게 지니고 있던 물건들을 정리한다. 이사할 때마다 느끼는 것은, 평소에 사용하지 않으면서도 이고 지고 사는 것이 너무도 많다는 사실이다. 왜 이토록 열심히 쌓아 놓고 살았을까?

이것저것 정리하면서 새삼 발견하게 되는 것도 있다. 내게는 남들보다 상대적으로 많은 게 두 가지가 있다. 넥타이와 책이다. 이 둘은 내 삶에 특별한 의미가 있는 것들이다. 그래서 가장 버리기 힘든 것이기도 하다.

넥타이는 대부분 교우들이 준 선물, 즉 교우들의 사랑이다. 반면 책은 교우들에게 말씀을 잘 전하기 위해서 내가 구입한 것들, 즉 교우들을 위한 내 사랑이다. 이것들은 결코 단순한 물질이 아니라 내 삶을 관통하며 쌓인 사랑의 상징이다. 받은 사랑, 나눈 사랑 그 어느 것 하나 가볍지 않다.

헨리 나우웬(Henri Nouwen)의 《거울 너머의 세계》(*Beyond the mirror*)라는 책에 이런 이야기가 나온다. 어느 눈 오는 날 아침, 헨리 나우웬은 자신이 돌보는 지체 아동을 섬기기 위해 나섰다가 승합차에 치여 심하게 다친다. 이 사고로 그는 수술을 받는데, 그때 죽음의 문턱을 경험한다. 그는 하나님이 예비하신 '저 너머의 세계'는 한없는 평안과 안식의 장소라고 고백한다. 그런데도 죽음의 목전에서 그는 고통과 삶에 대한 미련을 경험했다고 말한다. 놀랍게도 그 떨쳐 버릴 수 없는 고통과 미련은 사랑하는 사람들과 헤어지는 것이 아니었다. 오히려 자신이 용서하지 못한 사람들, 자기를 용서하지 못한 사람들을 그대로 남겨 놓고 떠나야 한다는 것이 그를 고통스럽게 했다. 헨리 나우웬은 다른 사람들과의 관계에서 해결되지 않은 분노가 있다는 사실이 영원한 평안과 안식의 세계로 가는 죽음의 과정을 받아들이지 못하게 하는, 무겁고 힘든 미련이었다고 고백한다.

목회를 마무리하고, 생활을 정리하는 과정이 내게 어떤 의미로 다가올까 생각해 봤다. 나 역시 사랑의 관계들을 돌아보게 된다. 가장 소중한 것은 사랑을 나누었던 사람들이고, 가장 큰 아쉬움은 더 사랑하지 못한 것, 용서하지 못한 이들이 남았다는 사실이다.

정리해야 하지만 정리하기 어려운 책과 넥타이는 곧 사랑이다. 35년의 목회를 돌아보아도 여전히 가장 소중한 것은 곧 사랑이다.

··· 책에 담긴 희생과 헌신

책은 우리 집에서 특별히 중요한 물품이다. 4대가 목사 가정이고 친척들도 목사가 많았기 때문이다. 내가 자라날 때 아버지의 서재는 늘 책으로 가득 차 있었다. 서재뿐 아니라 방들도 거실도 늘 책으로 가득했다. 어느 방은 사방이 책장으로 둘러싸여 있었다. 목사의 삶에 책이 매우 중요하다는 것을 자연스럽게 보면서 성장했다.

아버지는 책에 관해서 지금도 후회하시는 일이 있다. 아버지 시대에는 일본 책들이 신학적으로나 설교 자료로나 우리나라 책들보다 훨씬 앞서 있었던 것 같다. 아버지는 당연히 더 비쌌을 일본 책들까지 후불로 미리 사신 것 같았다. 그러다 보니 엄마에게 사례비를 주지 못할 때가 많았나 보다. 한번은 어머니가 40대에 혈압으로 쓰러지셨다. 그 일을 계기로 그동안 아버지가 어머니에게 사례비를 주지 않고 거의 책값으로 지불하셨다는 사실을 가족들이 알게 됐다. 물론 어머니는 목회하는 남편을 위해서 최선을 다해 지원하는 일을 소명으로 생각하셨기에 아무런 불평이 없으셨다. 생활을 위하여 바느질도 하고 닭도 치면서 자식들을 키우고 살림을 꾸려 오셨다. 나중에 장로님들이 이 사실을 알고 그때부터 사례비를 어머니에게 직접 전해 주었단다. 이처럼 나라도 교회도 가난하던 시절에는 목사의 책이 가족의 처절한 희생으로 마련되었다.

오랫동안 미국에서 이민자들을 대상으로 목회한 나에게도 책을 사는 것은 많은 희생이 동반되는 일이었다. 먹는 것을 줄이고 쓸 것을 쓰지 않아야 책을 살 수 있었기 때문이다. 하지만 이렇게 들어가는 경비를 아깝다고 생각한 적은 단 한 번도 없었다. 왜냐하면 교우들에게 좋은 말씀을 전하는 일이 그 무엇보다도 중요한 사명이었기 때문이다. 교우들이 말씀을 통하여 은혜를 경험하고 삶의 힘을 얻을 때 그 보람과 기쁨은 물질로 대체할 수 없을 만큼 크다. 이렇게 책은 내 지식의 폭을 넓혀 주고 성경을 더 깊이 이해하게 해준다. 늘 변화하는 시대를 살아가는 교인들에게 변하지 않는 하나님의 진리를 연결해 주는 사명을 위하여 책이 얼마나 소중히 사용되었는지 모른다.

그러나 이제는 그 책을 정리해야 하는 때가 왔다. 책을 처분하는 일은 단순히 낡은 물건을 버리는 것과는 다른 무엇이 있다. 언젠가 중고책 판매 행사가 열릴 때마다 사 모은 아끼던 책이 감쪽같이 사라진 사건이 있었다. 당시 내가 정말로 좋아하던 미국의 설교가 해리 에머슨 포스틱(Harry Emerson Fosdick) 목사의 책으로, 중고기는 했지만, 나에겐 의미가 컸다. 그의 책을 사기 위해 1년에 한 번 열리는 판매 행사를 손꼽아 기다리곤 했다. 입장료가 따로 있을 만큼 큰 행사였는데도, 그의 책을 싸게 살 수 있다는 기쁨이 있었기에 매년 참가하려고 애썼다.

리버사이드교회의 해리 에머슨 포스틱 목사는 신학적으로는 자유주의 진영에 속하였지만 그의 설교에 대한 접근과 통찰력이 탁월했다. 1900년대 초에 활동했던 목사인데, 그의 설교집을 발견하면 기쁘게 사 모았다. 물론 대단히 오래되어 종이는 누렇게 변하였지만 내가 느끼는 가치는 그 이상으로 컸다. 마치 내 마음의 소중한 추억처럼, 유산처럼 느껴질 정도였다.

그런데 어느 날 이 책들이 통째로 사라져 버렸다. 아내에게 물어보았더니, 별 고민 없이 "그 책들 내가 다 버렸는데요"란다. 나는 깜짝 놀라 정말이냐고 몇 번이나 되물었다. 그랬더니 아내가 그런다.

“당신이 한 번 보지도 않고 책들도 다 누렇게 변해 있기에 버렸어요.”

순간 섭섭한 마음이 생겼던 것은 사실이지만, 한편 생각해 보니 아내로서는 그럴 수도 있겠다 싶었다. 나에게나 소중한 책이지, 아내에게 이 책을 얼마나 소중하게 여기는지, 어떤 의미가 있는 책인지는 한 번도 말한 적이 없었다. 그리고 아내 말도 틀리지 않은 것이, 내가 그 책들을 평소에 하나하나 꺼내서 읽지는 않았다. 공부할 때 한 번씩 꺼내 깨달음을 얻었고, 설교 준비를 할 때 통찰을 얻어 왔을 뿐이다. 분주한 목회 생활 가운데 늘 찾아보는 교과서와 같은 책은 아니었다. 그러니 아내에게는 자리만 차지하고 가치 없어 보이는 낡은 책들이었을 것이다.

책을 처분한다는 것은 그 책에 담았던 내 마음도 같이 처분해야 한다는 의미다. 이것이 인생이구나 하는 생각까지 든다. 다만 지금은 책이 이전만큼 큰 가치를 갖고 있지는 않은 듯해 아쉬운 마음이 든다. 책을 기증하겠다고 해도 받아주는 곳이 많지 않다. 사람들이 책을 잘 읽지도 않고 유튜브나 소셜미디어들로 많은 정보를 접하는 문화가 되었기 때문이다. 이제 책은 그야말로 천덕꾸러기가 되고 말았다. 그토록 애지중지하며 돈을 들이고 기쁨으로 모아 왔던 책들이 버리기조차 쉽지 않은 애물단지가 되어 버렸다.

그렇지만 내게는 책을 통해 지식이나 지혜뿐만 아니라 얻은 추억이 크다. 비록 내 생활 영역에서는 책들이 사라진다고 해도, 그렇게 사랑했던 교우들과 나누었던 추억, 하나님께 받은 은혜는 결코 사라지지 않을 것이다. 책을 처분하면서 참 여러 깨달음을 얻는 요즘이다.

··· 넥타이에 담긴 사랑이라는 값

우리 세대는 넥타이가 선물로 참 자주 오고 갔다. 교우들이 성탄절이라고, 결혼식 주례를 봐주었다고, 해외여행을 다녀왔다고 사다 주신 것들도 있고, 연로하신 할머니 권사님이 전해 주신 것들도 있다. 미국에서는 특별히 성탄절이 되면 서로 선물을 나누는 문화가 지금도 이어지고 있는데, 성탄의 기쁨이 함께 오고간다. 색깔도 스타일도 무늬도 똑같은 것이 하나도 없지만, 모든 넥타이에 동일하게 담긴 것은 교우들의 사랑이다. 그러하기에 넥타이를 버리는 일은 결코 쉽지 않다.

교우들에게 넥타이 선물을 받으면 설교단에 오를 때 한두 차례 꼭 매려고 노력했다. 내가 선물한 넥타이를 목사님이 언제 매고 나오려나 관심이 깊어지기 때문이다. 감사에 보답하는 길은 자주 매는 모습을 보여 드리는 것이라고 생각했다. 하지만 문제는 이 넥타이가 내가 가진 양복이나 셔츠와 어울리는가였다. 색이나 무늬가 맞지 않으면 매기가 어려운 것이 또 넥타이다. 그렇다고 넥타이에 맞추어 양복을 구입할 수도 없는 노릇이었다. 가진 양복은 몇 벌 없는데 넥타이는 풍년이니 매번 고민이 되었다. 사랑도 잘 받아 사용하려면 옷 입는 감각이 좀 필요하다는 걸 알았다.

설교자가 넥타이에 신경을 쓰는 것은 교우들 앞에서 멋있게 보이기 위해서가 아니다. 시각적으로 괜한 불편함을 끼쳐 설교를 전달하는 데 방해하지 않도록 하기 위함이다. 그래서 반지나 목걸이 같은 액세서리류도 최대한 조심하는 편이다. 그 액세서리가 말씀이 전달되는 것을 방해할 수 있기 때문이다.

설교자에게는 다양한 삶의 배경을 가지고 있는 교우들에게 오직 하나님의 말씀을 잘 전달하는 것이 가장 중요한 사명이다. 이런 사명을 이루는 일에 방해되는 것은 잘 다스려야 함이 옳다. 교우 중에는 의상에 예민한 사람들이 있다. 괜히 넥타이를 자연스럽고 어울리게 매지 못해 목사가 촌스럽다든지 세련되지 못하다는 느낌을 줄 필요가 없다. 교우들이 하나님 말씀을 들어야 하는 예배 내내 '왜 목사님은 넥타이를 저렇게 맸을까?' '이렇게 하면 더 좋을 텐데' 라는 생각으로 가득 차서야 되겠는가. 이것 역시 말씀 전하는 본질을 방해할 수 있음을 목회자들이 기억하면 좋겠다.

넥타이는 내가 받은 추억만 있는 것이 아니다. 매년 성탄절이 되면 동역하는 부목사님들과 장로님들에게 넥타이를 구입해서 선물하곤 했다. 미국 목회에서 이런 추억이 있다. 평소에는 쇼핑을 다닐 여유가 없지만 성탄절 넥타이 선물만은 꼭 내가 직접 백화점에 가서 일일이 구입했다. 사람마다 취향이 다르고, 주로 입는 양복 색

깔, 피부색도 달랐기 때문에 가장 적절한 것을 고르기 위해서였다.

대부분 내가 고른 넥타이를 받고 나면 자신이 좋아하는 스타일과 색이라고 무척 기뻐했다. 나 역시 한 사람 한 사람 생각하며 넥타이를 고르고 선물하는 것이 너무나 기뻤다. 더욱이 그 넥타이를 매고 교회에 오는 모습을 보면 그렇게 마음이 좋을 수가 없다. 받는 사랑도 좋지만 주는 사랑도 너무나 귀하다.

미국에서는 목회하며 이런 나만의 성탄절 루틴을 즐겼다. 연중 가장 분주한 계절이지만 성탄의 기쁨을 누리는 또 하나의 방법이었다. 분명 사랑을 줄 때 더 큰 행복감이 있다. 그런데 이런 작지만 소중한 행복의 습관이 한국에서는 이어지지 못했다. 핑계일 수는 있으나, 한국에서는 선물을 하려면 고급스러운 물건으로 해야 한다는 생각이 있는 것 같았다. 백화점에서 유명 브랜드의 상품을 골라야 한다는 부담감이 있다 보니 그 비용도 만만치가 않았다. 이 부분은 두고두고 아쉬움이 남는다. 선물은 마음이 중요할 텐데, 브랜드나 가격을 더 중요하게 생각할 때 편안하게 정을 주고받는 일들이 어려워진다. 외적인 것을 중요하게 여기는 우리의 의식이 조금 변화되면 좋겠다고 느꼈다.

비슷한 아쉬움이 있는데, 그중 하나가 손으로 쓴 카드나 엽서가 사라졌다는 것이다. 휴대전화로 쉽게 소통할 수 있다 보니 마음에 담긴 생각과 정서를 전하는 일이 점점 힘들어진다. 사랑을 주고받은 사람이 많다는 것보다 인생에서 소중한 가치가 어디에 있을까?

특별히 마음을 담아 주고받은 물건은 그 가치가 얼마에 구입했느냐 보다, 당시에 나누었던 사랑이 얼마나 컸는가에 있다. 비록 살면서 때가 되면 그 물건들도 처분해야 하는 순간이 오지만, 그때 나누었 던 사랑만은 버려서도, 잊어서도 안 된다.

··· 결코 버려지지 않을 사랑의 힘

사랑에는 힘이 있다. 아름다운교회를 목회할 때 일 년에 한 번 씩 곰 사냥을 다녀오는 남자 집사님이 있었다. 그 집사님은 곰을 잡 으면 꼭 웅담을 내게 가져다주었다. "웅담이 참 귀한 약입니다. 이 거 가짜 아닙니다. 타박상에도 좋으니 꼭 가지고 계시다가 사용하 십시오" 하던 그분의 목소리와 눈빛이 참 따듯하게 느껴졌다. 웅담 이 좋다는 이야기는 많이 들어 왔지만 이렇게 진짜 웅담을 손에 쥐 니 만병통치약을 가지고 있는 것처럼 마음이 든든해졌다. 그렇다고 아직은 건강한 내가 이 귀한 웅담을 먹으려니 아깝다는 생각이 들 었다. 아픈 교우들이 많은데, 치료가 필요한 분이 사용하면 얼마나 좋을까 싶으니 도저히 먹을 수가 없었다. 종이에 잘 싸서 냉장고에 넣어 두었다. 그러던 어느 날 젊은 집사님이 교통사고를 당해서 이 곳저곳 심한 타박상을 얻었다는 이야기를 들었다. 심방을 가서 간 절히 기도해 드리고 꽁꽁 싸 두었던 웅담을 꺼냈다.

"집사님, 이건 진짜 웅담입니다. 타박상에 참 좋답니다. 꼭 드세요.”

그러고 3주쯤 지났다. 심한 타박상을 입었던 집사님을 교회에서 만났다. 덕분에 많이 회복되었다고 고맙다고 찾아와 주었다. 그런데 그분 손에 지난번 내가 드렸던 웅담이 들려 있었다.

“목사님, 이 귀한 웅담을 제가 먹을 수가 없었습니다. 저보다 더 심하게 다치거나 저보다 더 필요한 분이 생길 수도 있으니 그때 사용하시면 좋겠습니다.”

그것을 원래 있던 자리인 우리집 냉장고에 다시 집어넣었다. 얼마 지나지 않아 연세가 꽤 있으신 권사님이 집 앞에서 넘어져 얼굴을 많이 다쳤다는 소식을 들었다. 부지런히 달려가 기도해 드리고 보물처럼 간직해 온 웅담을 꺼냈다.

“권사님, 이건 진짜 웅담입니다. 구하기 쉽지 않은 건데, 꼭 이 웅담 드시고 속히 회복하십시오.”

또 몇 주가 지나서 권사님을 교회에서 만났다. 권사님은 목양실로 찾아오셔서 덕분에 많이 회복했다고 감사를 전해 주었다. 그런데 이번에도 권사님 손에는 종이에 그대로 싼 웅담이 들려 있었다.

“목사님, 이 귀한 웅담을 어찌 제가 먹겠습니까? 저보다 더 필요한 교우가 생긴다면 그분에게 사용해 주시면 좋겠습니다. 저는 이것을 먹지 않았어도 귀한 사랑으로 잘 극복했습니다.”

몇 차례 신비한 약처럼 종이에 쌓여 있던 웅담은 이 집 저 집을 오가다가 그만 상하고 말았다. 아무도 그 귀한 웅담을 먹을 수가 없게 되었다. 하지만 응답을 접했던 교우들은 더 큰 치유를 경험하였다. 사랑과 배려의 힘이다. 나보다 더 어려운 사람을 위해서 써 달라고 되돌려주던 교우들의 사랑이 그들의 치유를 도왔다.

물건을 처분하면서 가장 버리기 어려운 것은 소중히 간직해 오던 그릇도 옷가지도 아니다. 그것은 책과 넥타이다. 왜냐하면 이것이 곧 사랑이기 때문이다. 책과 넥타이에는 내가 교우들을 사랑하고 교우들이 나를 사랑해 준 그 사랑이 연결고리가 되어 묶여 있다. 많이 부족했지만, 내 목회를 관통하는 가장 소중한 힘은 역시 사랑이다. 그러므로 그 사랑은 잊힌다 하더라도 버려지진 않을 것이라 믿는다.

목회를 마무리하면서 정말 중요한 것이 무엇인지 더욱 선명해진다. 많은 수고를 했더라도 사랑이 없으면 아무 것도 아니라는 사실을 마음 깊이 느낀다. 일을 더 많이 하지 못한 것은 전혀 아쉽지 않다. 하지만 더 사랑하지 못한 것은 큰 아쉬움이다. 결국 소중하게 남는 것은 교우들과 주고받은 사랑이다.

Chapter 02...

목회는
아름다워야 합니다

미국과 한국에서 이루어졌던 내 35년의 담임목회를 관통하는 하나의 중요한 키워드는 아름다움이다. 이른 아침 풀잎에 맺힌 영롱한 이슬처럼, 목회도 아름다워야 한다. 비 온 뒤 하늘을 가로지르는 무지개처럼, 맑고 높은 가을 하늘처럼, 추수 때 농부의 땀방울처럼, 갓 태어난 어린 생명의 울음소리와 엄마의 눈물처럼 아름다워야 한다.

목회의 아름다움은 세상 그 어떤 아름다움들과 비교할 수 없다. 생명이 살아나고 하나님의 뜻이 이루어지는 일들이기 때문이다. 주님이 이 땅을 거닐며 이루신 일들이 교회를 통하여 계속해서 이루어지고 있다.

돌아 보니 주님이 내게 허락해 주신 목회는 아름다움으로 가득하다. 지난 날들을 추억해 보고, 맡겨 주신 영혼들을 떠올려 보아도, 그리고 앞으로의 시간들을 생각해 보아도 아름다움으로 가득하다. 아름답다는 것은 단순히 심미적인 것만을 의미하지 않는다. 아름다움이 쉽다거나 편하다는 것도 아니다.

내가 처음으로 사역한 교회의 이름도 아름다운교회다. 한국으로 돌아와 잠실교회를 목회하던 중 새롭게 조성되는 위례지역에 지교회를 세웠는데, 그 교회의 이름도 '아름다운위례교회'로 지었다. 탈북민들의 교회를 세우고 후원하고 있는데, 그 교회의 이름도 '아름다운꿈의교회'다. 물론 한국에서 세운 이 두 교회의 이름은 내가 정한 것이 아니라 교우들이 정했다. 아마 교우들도 성경적으로 아름답다라는 의미를 잘 알고 있을 것이다. 목사로서의 내 삶에 가장 중요하게 간직되어 온 단어는 '아름다움'이라고 할 수 있다.

··· 이민자들을 위한 마음을 부어 주시다

내 첫 번째 목회는 뉴욕의 롱아일랜드에서 교회를 개척하여 시작되었다. 미국에서의 목회, 더욱이 개척 목회란 내 인생 계획에는 전혀 없던 일이었다. 미국에서 필요한 공부를 빨리 마치고 한국으로 돌아와 한국 교회를 잘 섬기고자 하는 마음만 가지고 있었다. 유학 중에 이민자를 위한 목회 현장에 사역자가 많이 부족하다는 사실을 알았다. 그래서 주말에는 한인 교회에 가서 사역을 도왔다.

그곳에서 이민자들의 삶이 결코 녹록치 않다는 것을 자연스럽게 알게 되었다. 한국에서의 모든 것을 내려놓고 새로운 땅에서 밑바닥부터 삶을 다시 세우는 일들이 어찌 쉬웠을까? 하지만 이미 각오하고 시작한 일이었을 것이다. 목사의 눈에 보이는 그들의 가장 큰 고통은, 그들에게 위로와 희망의 장소가 되어야 할 교회가 불안정하다는 것이었다.

고국을 떠난 사람들이 서로 다른 배경을 가지고 위로받고 이민 생활에 필요한 정보와 도움을 얻기 위하여 교회로 모여들었다. 사회적 배경, 신앙적 배경, 그리고 교회에 오는 이유 조차도 모두 달랐다. 이러한 다름을 안고 조화를 이루는 일은 결코 쉽지 않았을 것이다. 그 결과는 분열과 갈등으로 나타났다. 이민 교회 자체가 새로운 땅에서 새롭게 정착하며 살아야 했던 이민자들의 삶과 별반 다르지 않았던 것이다.

주말에만 잠깐씩 하는 섬김이었지만, 유학 생활 중 내 기도 속에는 이민자들을 위한 기도 제목이 들어갈 수밖에 없었다. 이들이 새로운 땅에서 잘 정착할 뿐 아니라 아브라함과 같이 믿음의 여정에서 꼭 성공하게 해 달라는 내용이다.

이러한 기도 속에서 하나님은 나를 교회 개척의 길로 인도하셨다. 그리고 그 목회를 여러 가지 모양으로 축복해 주셨고 예배당까지도 하나님의 은혜로 허락해 주셨다.

··· 아름다운교회라는 이름을 주시다

교회 건축을 위해서 애쓰던 중 목소리가 나오지 않게 되었다. 과로 탓에 성대에 결절이 생긴 것이었다. 전문 의사들은 성대결절의 최고 치료법은 말을 하지 않고 쉬는 것이라고 했다. 보통 성대결절은 목소리로 일하는 사람들에게 잘 생기는데, 수술은 위험했다. 잘못 수술했다가 본래의 목소리를 잃어버릴 수 있기 때문에 자연 치료가 최선이었다.

내 소식을 듣고 장로님들이 나를 혼자 플로리다의 리조트로 보냈다. 아무 말도 하지 말고 쉬라는 것이었다. 아는 사람이 아무도

없었다. 할 것도 없었다. 가족도 없이 나홀로 외로운 시간을 보내야
했다.

당시 성전을 건축하고 있었다. 할 일은 많은데 나는 아무 것도
할 수 없으니 답답한 마음이 커져 갔다. 조용한 곳에서 교회를 위해
기도하고 신명기의 말씀을 반복해서 읽었다. 신명기는 지도자 모세
가 이스라엘 백성들의 지난 날을 돌아보며 앞으로 약속의 땅에 들
어가서 어떻게 살아야 진정 하나님의 축복을 누릴 수 있는지를 설
교하는 내용이다. 신명기를 읽으면서 마음에 깊이 다가오는 단어가
있었는데, 바로 '아름답다(טוב, 토브)'였다. 신명기 전반에 걸쳐 '아름
답다'는 단어가 반복적으로 나온다.

구하옵나니 나를 건너가게 하사 요단 저쪽에 있는 아름다운 땅,
아름다운 산과 레바논을 보게 하옵소서 하되 °신 3:25
여호와께서 너희로 말미암아 내게 진노하사 내게 요단을 건너지
못하며 네 하나님 여호와께서 네게 기업으로 주신 그 아름다운
땅에 들어가지 못하게 하리라고 맹세하셨은즉 나는 이 땅에서 죽고
요단을 건너지 못하려니와 너희는 건너가서 그 아름다운 땅을
얻으리니 °신 4:21-22

이민자들이 새로운 땅에서 열심히 일하고 기도하면서 마치 약
속의 땅으로 들어가듯이 주님의 성전을 마련하는 과정에 신명기 말

씀은 너무나 적절하게 하나님의 뜻을 보여 주었다. 이 '아름답다'는 단어는 나에게 떨림으로 와닿았고, 조용한 시간 동안 계속해서 그 의미를 묵상했다. 이렇게 새롭게 마련한 성전의 이름을 받았다. '아름다운교회'이다. 고통 속에 받은 너무나 소중한 이름이다.

··· 아름다운 목회란 무엇인가

성경에서 아름답다는 단어가 여러 가지 의미를 가지고 있는 것처럼 목회 또한 아름다워야 한다.

첫째, 아름다운 목회는 하나님 보시기에 좋아야 한다. 아름답다는 신명기 표현은 하나님의 창조에서 역시 가장 많이 반복되는 단어이다. 매일의 창조를 바라보시면서 하나님은 "보시기에 좋았더라" 말씀하신다. 인간 창조, 가정의 창조가 완성된 후에는 "보시기에 심히 좋았더라"라고 말씀하신다. 하나님이 이루시는 일들은 아름다운 일이 되어야 마땅하다. 목회의 모든 일은 목사나 교인들이 창조해 가는 일이 아니라 주님이 친히 역사하시고 새로운 일들을 이루어 가시기 때문이다.

교회와 목회가 아름다워야 하는 또 하나의 중요한 이유가 있다. 교회는 재창조의 역사를 이루어 가는 곳이기 때문이다. 보시기에 심히 좋았던 하나님의 창조를 더럽히고 깨뜨린 것은 바로 인간의 죄악이다. 보시기에 좋았던 세상은 보시기에 심히 좋지 않은 곳으로 변했다. 아담과 하와가 타락하여 낙원에서 좇겨난 후, 이 땅에는 죄악이 증가해 간다. 가인이 동생 아벨을 죽인 사건, 노아와 홍수사건, 인간들이 집단적으로 하나님을 대항하는 바벨탑 사건으로 죄악은 걷잡을 수 없이 커진다. 이런 모습을 바라보시는 하나님의 눈에 이 세상은 분명 처음처럼 아름다운 곳은 아니었을 것이다.

교회는 머리 되시는 주님의 뜻을 이루는 곳이 되어야 하고 이러한 점에서 하나님 보시기에 좋은 곳이 되어야 한다. 하나님의 재창조의 역사, 회복의 역사를 이루어 가야 한다. 목회는 끊임없이 주님께 뜻을 물으며 행하여야 한다. 교회가 주님의 뜻을 이루어 가는 곳이기 때문이다. 그 모습이 주님이 기뻐하시는 것이 아니라면 아무리 아름다운 건물을 지어도 주님이 임재하지 않으시고 영광 받지 않으신다. 마땅히 재창조의 역사는 일어나지 않게 될 것이다.

둘째, 아름다운 목회는 하나님의 축복이 함께하여야 한다. 바른 목회는 하나님의 축복을 경험하는 일이고 바른 교회는 하나님의 축복이 가득한 곳이어야 한다. 신명기 말씀이 보여 주듯이 약속의 땅은 아름다운 하나님의 축복이 가득한 곳이다.

네 하나님 여호와께서 네 조상 아브라함과 이삭과 야곱을 향하여
네게 주리라 맹세하신 땅으로 너를 들어가게 하시고 네가 건축하지
아니한 크고 아름다운 성읍을 얻게 하시며 네가 채우지 아니한
아름다운 물건이 가득한 집을 얻게 하시며 네가 파지 아니한 우물을

차지하게 하시며 네가 심지 아니한 포도원과 감람나무를 차지하게
하사 네게 배불리 먹게 하실 때에 °신 6:10-11

지나온 시간을 돌아보면 전적으로 모든 것이 하나님의 은혜이
다. 큰 예배당을 마련하였어도 이것은 "네가 건축하지 아니한 크고
아름다운 성읍"이었고 개인과 교회가 많은 축복을 받고 누렸어도
그것은 "네가 채우지 아니한 아름다운 물건이 가득한 집"이며 "네가
파지 아니한 우물"을 차지하는 일이었다. 돌아보면 내가 누린 모든
것이 "네가 심지 아니한 포도원과 감람나무를 차지하게 하사 네게
배불리 먹게" 하신 일이었다. 모든 것이 하나님이 베풀어 주신 것들
이었다.

온갖 좋은 은사와 온전한 선물이 다 위로부터 빛들의
아버지께로부터 내려오나니 그는 변함도 없으시고 회전하는
그림자도 없으시니라 °약 1:17

셋째, 아름다운 목회는 형제들이 연합하며 동거하는 일이다. 시
편 133편은 다윗이 지은 시로서 특별히 성전에 오르며 부르는 노래
다. 이스라엘 남자들은 가족들을 대표해서 유월절, 오순절, 초막절,
즉 1년에 세 번 성전으로 올라가야 한다. 그 옛날 나라 곳곳에서 메
마르고 뜨거운 광야 같은 땅을 거쳐서 예루살렘으로 올라가는 길은

쉽지 않았다. 강도의 위험도 있고, 모든 것이 제대로 갖추어져 있지 않은 데다가 거리도 먼, 고되고 힘든 길이다. 하지만 그 성전을 통해서 내리시는 은혜는 너무나 귀하고 아름답다. 다윗은 그 아름다움을 고백하고 있다.

> 보라 형제가 연합하여 동거함이 어찌 그리 선하고 아름다운고
> 머리에 있는 보배로운 기름이 수염 곧 아론의 수염에 흘러서 그의
> 옷깃까지 내림 같고 헐몬의 이슬이 시온의 산들에 내림 같도다
> 거기서 여호와께서 복을 명령하셨나니 곧 영생이로다 ˚시 133:1-3

성전의 아름다움은 형제가 연합하여 동거하는 아름다움, 머리로부터 흘러내리는 기름 같은 아름다움, 그리고 헐몬의 이슬이 시온에서 내리는 것 같은 아름다움이라고 고백한다. 형제의 아름다움은 하나님 안에서의 교제를 말하고, 머리로부터 흘러내리는 기름은 성령의 역사 또는 하나님의 택하심, 헐몬의 이슬은 생명력을 말한다.

지금까지 모든 세대의 본이 되는 교회가 있다. 바로 초대교회 성도들의 아름다운 교제다. 교회를 교회 되게 하는 것은 인간이 아니라 하나님이시다. 축복된 교회는 초대교회처럼 남자나 여자나 유대인이나 이방인이나 주인이나 종이나 모두가 한 형제자매가 되는 공동체다. 이처럼 하나님 중심의 교회는 세상의 가치가 만들어 놓은 장벽들을 허물고 하나님의 백성으로 연합한다.

초대교회 성도들의 놀라운 연합이 박해하는 로마제국을 오히려 변화시키는 원동력이 되었다. 사회적, 법적으로 노예제도가 분명히 존재하던 로마제국 그 어디에도 주인과 노예가 한 상에 둘러앉아 형제자매의 교제를 나누는 곳이 교회 말고는 없었기 때문이다.

건강한 교회를 가리키는 표현 중에 '다양성 안에 동질성, 동질성 안에 다양성(Unity in Diversity, Diversity in Unity)'이라는 것이 있다. 서로 다름이 그리스도 안에서 하나가 되고 하나됨 안에 다름을 존중하고 귀히 여기는 만남을 의미한다. 인간이 기준이라면 결코 이룰 수 없는 모습이다. 주님이 기뻐하시는 목회는 바로 이런 연합의 열매로 나타난다.

넷째, 아름다운 목회는 하나님의 임재로부터 나타난다. 다윗은 성전의 아름다움을 이렇게 표현했다.

내가 여호와께 바라는 한 가지 일 그것을 구하리니 곧 내가 내
평생에 여호와의 집에 살면서 여호와의 아름다움을 바라보며 그의
성전에서 사모하는 그것이라 ˚시 27:4

성전은 곧 하나님이 임재하시는 곳이다. 시편 84편 역시 고라 자손이 성전을 그리워하며 올라가는 순례시다. 고라 자손은 성전을 향하는 순례길을 이렇게 고백한다.

주께 힘을 얻고 그 마음에 시온의 대로가 있는 자는 복이 있나이다
그들이 눈물 골짜기로 지나갈 때에 그 곳에 많은 샘이 있을 것이며
이른 비가 복을 채워 주나이다 그들은 힘을 얻고 더 얻어 나아가
시온에서 하나님 앞에 각기 나타나리이다 °시 84:5-7

시편 저자는 메마름과 뜨거움, 위험이 도사리고 있는 순례의 길
이 샘이 가득한 곳이 된다고 고백한다. 멀고 험한 순례의 길도 기쁨
으로 갈 수 있는 것은 이 과정을 통하여 하나님의 임재로 나아가기
때문이다. 성전으로 나아가는 길 자체가 축복이다. 인생 길에서 만
나는 수많은 위험과 어려움, 탄식과 눈물이 성전을 통하여 기쁨과
생명력과 감사로 변화된다. 마치 헐몬산을 통하여 메마른 전 이스
라엘 영토에 생수가 흘러가며 많은 생명을 살게 하는 것과 같다.

헐몬산은 이스라엘 영토 가장 북쪽에 놓여 있는 산으로 그곳에
서부터 물이 콸콸 흘러 요단강을 이루고 갈릴리 호수와 사해로 흘
러간다. 성전의 축복이 이렇게 귀하고 아름답다. 이 땅에 교회는 결
코 교회만을 위하여 존재하는 곳이 아니다. 하나님 보시기에 온 세
상의 구원을 위하여 존재하기에 그토록 중요한 곳이다. 그리스도
중심, 사랑 중심의 아름다운 교제는 지체들만 행복하게 하는 것이
아니라 예수 그리스도의 사랑과 능력을 세상에 드러내는 힘이 되
고 세속적인 가치로 소외되고 분리된 세상을 치유하는 힘이다.

다섯째, 아름다운 목회는 많은 사람이 교회와 성도의 아름다움

을 보게 한다. 교회 안에서 이루어지는 예배나 기도 양육 등 수많은 일을 교회 밖 사람들은 알 수가 없다. 하지만 그 열매를 볼 수는 있다. 예수 믿더니 가정에서도 변화된 모습을 보이고 사회생활에서도 그리스도의 향기를 발한다. 교회도 지역 사회에 복음과 함께 주님의 사랑을 나눈다.

> 사람들이 사는 동안에 기뻐하며 선을 행하는 것보다 더 나은 것이
> 없는 줄을 내가 알았고 °전 3:12

여기서 나오는 '선'의 히브리어 단어는 '토브'이다. 전도서에서는 '아름답다'는 뜻의 히브리어 '야페'와 같은 맥락으로 사용된다. '토브'는 하나님의 질서 안에서의 조화롭고 의미 있는 삶을 말한다. 교회는 의로운 사람들이 모여서 아름다운 곳이 아니라 함께 모여서 의로워져 가기 때문에 아름다운 곳이다. 죄인들도 용서함을 받고 용서할 수 있는 사람이 되어 가고, 탕자도 환영받고 참 아들이 되어 가는 곳이다.

> 사람아 주께서 선한 것이 무엇임을 네게 보이셨나니 여호와께서
> 네게 구하시는 것은 오직 정의를 행하며 인자를 사랑하며 겸손하게
> 네 하나님과 함께 행하는 것이 아니냐 °미 6:8

목회는 진정으로 아름답다. 아름다워야만 한다. 아름다움을 추구하는 목회는 하나님이 반드시 축복하신다. 하나님은 아름다움의 원천이시기 때문이다.

■ **Part 2**

●

하나님의 주선으로
결혼식을
올렸습니다

▲

하나님 나라의
장사꾼이
되었습니다

사랑을 만나다

가족의 희생이
자양분이
되었습니다

Chapter 03

하나님 나라의
장사꾼이 되었습니다

··· 단 하나의 꿈

내게는 어려서부터 키워 온 꿈이 있다. 남들은 자라면서 꿈이 늘 바뀐다고들 하는데, 나는 어렸을 때부터 성장하여 사회인이 될 때까지 한 번도 꿈이 바뀌지 않았다. 나는 돈을 많이 벌고 싶었다. 가난한 목사의 집에서 성장했기 때문이라기보다는 돈을 많이 벌어 가난한 사람들을 위하여 살고 싶었다.

가난이 부끄럽게 느껴지거나 부자를 부러워한 적은 없었다. 어린 시절 나는 어머니께 뭐 하나 사달라고 먼저 조른 적이 없었다. 어머니가 마음 아프실까 봐 신발 바닥이 헤져서 다 닳아 없어지도록 신으면서도 새로 사달라고 하지 않았다. 방 안에 왜 이렇게 모래가 많이 생기는지 의아해하신 어머니가 아이들의 신발을 검사하고서야 이유를 아셨다. 구멍이 뚫린 신발을 신는 것은 결코 부끄러움이 아니지만, 이런 일로 가난한 어머니의 마음을 아프게 한 것은 해서는 안 되는 부끄러운 일로 여겨졌다.

언제부터 가난한 이들을 위하여 살겠다는 꿈을 꾸었는지는 분명치 않다. 마치 모태 신앙인이 언제부터 하나님을 믿었는지 구분이 잘 안 되는 것과 비슷하다. 하지만 아직도 내 마음속에는 분명하게 남아 있는 기억이 있다. 어린 시절 아버지가 대구 영락교회에서 목회를 하셨다. 전쟁 후유증이 아직도 생생하게 남아 있을 때였는데, 교회에는 날마다 거지들이 찾아왔다. 교회 울타리 안에 사택이 있었던 시절이었다. 날마다 우리 집에 와서 밥을 얻어먹고 가는 거지들, 와서는 종종 난동을 부리고 돈을 달라고 괴롭히는 사람들을 늘 봐야 했다. 거기다 우리도 살기 어려운 형편에 늘 밥 한 공기라도 내놓으시는 어머니를 보면서 마음이 무척 괴로웠던 기억들이 생생하다. 그들을 보면서 가난한 자들을 위하여 살아야겠다는 꿈이 어린아이의 마음에 자리한 것 같다.

청소년기에 접어들어서도 어려서부터의 꿈은 변하지 않았다. 신앙적으로도 이 꿈은 좋은 것이라고 느꼈다. 그 꿈이 과연 나를 향하신 주님의 뜻인지도 새삼스러워 묻지 않았다. 주님의 뜻이라고 거의 확신하고 성장한 셈이다.

··· 현실에 부딪히다

대학을 졸업한 후, 어려서부터 오직 가졌던 단 하나의 꿈, 돈을 벌자는 꿈을 가지고 세상으로 진출했다. 화학 공학을 전공했지만 무역학을 독학하고 무역상에서 첫 직장생활을 시작했다. 돈을 벌려면 무역을 해야 한다고 생각했기 때문이다. 그런데 막상 현장에 나가 보니 그동안 몰랐던 걸 새롭게 발견했다. 세상에서 돈 버는 일이 너무나 어려웠다. 거기다 회사에서 요구하는 일들에서 인생의 의미를 발견하기도 어려웠다. 동기부여가 되지 않으니 열심히 하고자 하는 마음이 생겨나지 않았다.

그러다 보니 매일 감당해야 하는 일들이 무거운 짐이 되었다.

돈을 많이 버는 꿈을 이루려고 현장에 나갔으나, 여기에서 삶의 의미 문제에 부딪힌 것이다. 한마디로 당시 나는 사회생활을 잘하기 위한 준비가 제대로 갖추어지지 않았다.

날마다 회사에서 일을 마치고 돌아올 때면 공허한 마음이 깊어 그대로 집으로 가지 못했다. 교회를 찾아가서 하나님 앞에 기도했다. 기도할 수밖에 없었다.

"하나님, 제가 어떻게 살아야 합니까? 한 번 주어진 생명인데, 이런 세상 일에 제 삶을 다 버려야 합니까? 돈을 많이 버는 것이 정말 하나님의 뜻입니까?"

이런 기도의 제목들을 하나님께 꺼내 놓고 한참 동안 기도하고서야 집으로 갈 수가 있었다.

그때 배운 것이 있다. 돈을 벌어야만 하는 삶은 자존심도 내려놓고 묵묵히 견뎌야 할 때가 있다는 것이다. 때로는 무가치해 보이는 일들도 감당해야 하고 무의미해 보이는 것들과도 씨름해야 한다. 그래도 이때의 경험이 헛되지는 않았다. 그 경험이 있었기에 목사가 된 이후에 세상에 나가 열심히 돈을 벌고 살아가는 교우들을 마음 깊이 더 존경하고 사랑하게 되었다. 내 고민과 갈등이 목회에 큰 힘이 되었다.

삶의 의미 문제로 날마다 씨름하는 동안 내 마음 속에 살아 있는 열망은 점점 선명하게 드러났다. 내 모든 시간, 내 모든 존재가 오로지 주님만을 위하여 사용되기를 원하는 열망이었다.

1년 간 깊이 고민하며 기도했다. 그러던 어느 날, 성전에서 기도하는 중에 "내 종이 되어라"라는 주님의 음성을 구체적으로 듣게 됐다. 주의 종으로의 부르심, 지금까지 단 한 번도 생각해 보지 않은 새로운 꿈이었다. 이렇게 나의 첫 번째 꿈은 뜻밖에 찾아와 주신 주님의 부르심으로 아름답게 마무리되었다.

하나님의 부르심은 갑작스럽기는 했지만, 내게 두려움이기보다는 기쁨이었다. 날마다 주님 앞에 들고 나갔던 내 인생 문제의 해답이 주어지는 순간이었기 때문이다. 설명할 수 없는 평안과 기쁨이 찾아왔다. 그리고 그날 이후 주의 종으로 산다는 그 기쁨은 지금까지도 결코 내 마음속에서 사라지지 않았다.

어거스틴이 오직 하나님 안에서만 참된 평안을 얻었다고 고백한 것처럼, 돌아보면 하나님의 소명을 받기까지 내 인생에 참된 평안이 없었던 것 같다. 우리 집안에는 비교적 목사가 많았지만, 성장하면서 나에게 목사가 되라는 소리는 그 누구도 하지 않았다. 반면에 장남인 형은 어려서부터 목사가 되어야 하는 거룩한 압박 속에서 성장했다. 오랫동안 할아버지 할머니를 모시고 살았는데 날마다 드리는 가정예배 때마다 어르신들의 기도는 늘 동일하게 이어졌다.

우리 형제들이 다 외우는 기도이다.

"우리 집안이 대대로 주의 종이 되게 하시고…."

대대로 주의 종이 되는 것은 분명 장남 몫이니 다른 형제들과는 관계없는 기도인 셈이다. 어려서부터 가족 내에서 내 별명은 장사꾼이었다. 늘 동네에 나가서 놀기를 좋아했고 딱지치기, 팽이치기, 구슬치기 등 놀이만 했다 하면 뭘 그렇게 많이 따왔다. 반면에 형은 잘 잃고 오고는 했다.

그랬던 내가 부르심을 받았으니 하나님 나라의 장사꾼이 된 셈이었다. 물질 욕심은 없는 편이지만 거룩한 욕심은 강하게 있었던 것 같다.

하나님의 부르심을 감격 속에 받았지만, 잠시나마 나를 주저하게 만드는 것이 있었다. 그 망설임은 곧 어렸을 때부터 가졌던 유일한 꿈 때문이었다.

나를 부르시는 하나님께 "제가 어렸을 때부터 가졌던 꿈은 어쩌고요? 그것은 주님의 뜻이 아니었나요?"라고 질문할 수밖에 없었다. 너무나 오랫동안 내 삶을 향하신 주님의 뜻이라고 굳건하게 믿고 있었기 때문이다.

오랜 세월 간직해 온 소중한 꿈에 대하여 심각하게 주님 앞에 여쭈었을 때 주님은 매우 분명하게 답해 주셨다.

"네가 혼자 돈을 벌어 가난한 사람들을 위해 일하는 것보다 많은 교인이 돈을 벌어서 가난한 자들을 위하여 쓴다면 훨씬 더 많은 일을 할 수 있는 것이 아니냐?"

단 한 번도 생각해 보지 못한 놀라운 답이었다. 이런 음성을 들었으니 주님 뜻 앞에 망설임 없이 나설 수 있었다.

··· 부르심엔 실패가 없다

목회자로서 살아가면서 어떤 교회를 세우든지, 어떤 교회에서 목회하든지 교회의 울타리를 넘어 이웃의 가난한 사람들이나 주님의 사랑이 필요한 이들을 잊지 않고 돌봐야 하는 이유가 내게는 분명하게 존재한다.

내 꿈과 하나님의 꿈이 언제나 동일하지는 않은 것 같다. 실제로 많은 선교사의 간증을 들어 보면 대부분 자신이 뜻을 품고 계획했던 나라와 전혀 다른 곳으로 파송받는 사례가 훨씬 많다. 목회자도 마찬가지다. 내가 원하는 목회지로 가기보다 하나님이 뜻밖에 목회지로 부르시고 인도하시는 경우가 대부분이다. 만약 내 계획대로 이루어진다면 이것이 하나님의 부르심이라는 고백보다는 내가 오랫동안 준비하고 기도한 곳이라고 생각하기 쉽다. 그러나 하나님의 인도하심은 언제나 신묘막측하다.

모든 사역지에는 어려움도 있고 장벽도 있다. 이것이 하나님의 부르심이라고 확신하는 이들은 그 장벽과 위기를 잘 이겨 낸다. 하지만 내가 계획하고 뜻한 사역지라고 생각하면 위기와 장벽을 결코 이겨 내지 못한다. 내가 좋아서 시작한 일은 내가 싫으면 멈추게 되기 때문이다. 반면에 주님이 내게 맡기셨다는 믿음과 부르심의 사건이 분명하면 어떠한 경우에도 내가 먼저 포기하면 안 된다는 거룩한 부담감이 생긴다.

한 가지 분명한 것은 내 지난 날의 모든 과정은 하나님의 부르심 속에서 귀하게 사용된다는 사실이다. 하나님의 부르심에는 후회하심이 없다. 이 말은 하나님뿐 아니라 부르심 받은 모든 사람의 삶에도 후회함이 없다는 뜻이다. 부르심을 바르게 찾게 될 때 성공과 실패는 우리의 판단 기준으로는 알 수 없다. 하나님이 부르시는 삶은 모두 귀하게 사용된다.

내 꿈을 추구하며 얻었던 경험이나 실력도 결코 헛되지 않다. 다만 목적이 바뀌었을 뿐이다. 하나님의 꿈을 아멘으로 받아들일 수 있다면 내 지난 날의 경험이 설령 실패라 하더라도 하나님은 소중히 사용하신다.

하나님의 주선으로
결혼식을 올렸습니다

목사에게 있어서 결혼이 중요하다는 것은 두말할 필요가 없다. 내 가정이 평안치 못하거나 바르지 않으면서 다른 사람, 다른 가정을 도와줄 수 없다. 특히나 교인들의 삶의 문제까지라도 돌보아 주어야 할 목사에게 있어서 사모의 역할은 대단히 중요하다.

주님께 부르심을 받고 서원하는 기도를 했다. 그리고 그 사실을 아버지 림인식 목사께 말씀드렸다. 아버지는 그 자리에서 세 가지를 말씀해 주셨다. 첫 번째 말씀은 "참 잘했다"는 것이다. 두 번째는 "이 길은 힘들고 어렵고 외롭다. 하지만 그 어떤 길보다 보람 있다. 그러므로 지금의 그 마음이 일평생 변치 않아야 한다"는 것이다. 마지막 세 번째 말씀은 너무나 뜻밖이었다. 아버지는 내게 "그렇다면 너는 사모를 잘 만나야 한다"고 말씀하셨다. 당시만 해도 아버지와 아들 사이에 인생 문제를 놓고 이야기하는 것은 흔한 일이 아니었다. 특히나 어떤 여자를 만나야 한다는 식의 주제는 부자 사이에서 흔히 나누던 대화 내용이 아니었다. 그런데 아버지는 목회에서 사모의 역할이 절대적으로 중요하다는 사실을 강조하셨다. 사모의 역할에 따라 목회가 어려워지는 경우도 있다고 말이다.

사실 나는 주님의 부르심 앞에 인생에서 정말 중요한 사건이요, 거룩한 부르심을 받았다는 생각으로 가득했다. '미래에 어떤 부인을 맞이할까?'와 같은 것은 전혀 생각도 못 하고 있었다. 하지만 일생 목회하셨던 아버지의 경험으로는 어떤 사람을 부인으로 만날 것인가, 어떤 가정을 이룰 것인가 하는 것이 너무나 중요함을 잘 알고 계셨다. 나 역시 목회를 해 나갈수록 사모의 중요성을 날마다 새롭게 확신한다. 사모의 바람직한 역할 없이 바람직한 목회는 불가능하다.

··· 세 여인의 기도

우리 아이들은 엄마 아빠의 결혼 이야기를 들으면 꼭 이런 표현을 쓴다.

"Are you crazy?(엄마 아빠 미쳤어?)"

자기들로서는 이해할 수 없다는 뜻이다. 그만큼 남들이 볼 때 우리는 모험적인 결혼을 했는지 모른다. 그러나 우리 부부는 이를 믿음의 결혼이라고 답한다.

당시 은퇴목사였던 할아버지 림재수 목사께서 총회에 가셨다가 이북에서부터 잘 알고 지내던 친구 목사에게 손자 이야기를 하셨단다. 좋은 신붓감을 소개해 달라고 말이다. 그 이야기를 들은 친구 목사가 사람을 세워 당신의 딸을 소개하셨다. 그분이 바로 나의 장인이시자 부산에서 목회하셨던 이신용 목사다.

그런데 당시 내 머리에는 오로지 '어떻게 하면 좋은 목사가 될까?'하는 생각만 있었지, 결혼 생각은 없었다. 아내라고 다르지 않았다. 거기다 아내는 '목사에게는 절대 시집 가지 않겠다'는 굳은 마음이 있었다. 이 둘이 소개를 받았으니 일이 잘 이루어질 리 없었다. 우리는 서로 미루고 미루다 만남을 점점 지체시켰다. 그렇게 우여곡절 끝에 마지못해 선을 보게 되었다.

우리는 서로 상대방이 참 착하고 좋은 사람이라는, 같은 생각을 했지만 쉽사리 확신을 갖지는 못했다. 알만한 집안의 두 사람이라 마음의 부담 탓에 두 사람은 더 이상 관계를 진행할 수 없었다. 그런데 이상한 일이 생겼다. 그 부산 아가씨와 선을 본 이후에 1년 동안 단 한 건의 소개도 들어오지 않았다. 지금이야 부모의 소개나 선을 보는 일보다 청년들이 자연스럽게 만나 연애를 하고 결혼하는 일이 많지만, 당시엔 나이가 어느 정도 차면 어른들이 앞다퉈 선 자리를 마련하곤 했다. 거기다 당시에는 목사가 되려는 사람이 제법 인기가 있었다.

나중에 안 일이지만, 내가 부산 아가씨 외에 다른 곳으로는 장가가지 못하도록 기도하는 세 여인이 있었다. 먼저는 내 어머니였고, 둘째는 그녀의 어머니, 즉 내 장모님이었다. 두 분은 '목사에게 필요한 사람은 목사를 이해하는 사람'이라는 생각을 하셨다. 그래서 우리 둘이 만나는 것이 하나님의 뜻인 것 같다고 계속 기도하셨다고 한다.

또 다른 한 여인은 당시 내가 지도하고 있던 대학부의 지도 권사님이었다. 그 당시 대학생들은 반정부 투쟁, 농촌 계몽 운동 등에 몰두하고 있었다. 교회로서는 마치 언제 터질지 모를 폭발물처럼 그들을 대하기가 조심스러웠던 때였다. 지도 권사님 입장에서는 혼기가 찬 전도사님이 결혼에 신경 쓰다 보면 이런 청년들을 지도하기 힘들 것 같아 1년 동안은 결혼하지 않게 해 달라고 간절히 기도하셨다고 한다.

세 여인이 기도를 하고 있었으니 일 년 동안 아무 것도 진행될 리가 없었다.

··· 서로 아는 것은 별로 없었지만

대학생들의 여름 행사가 끝나고 의문의 1년이 지나자 대여섯 건의 선이 한꺼번에 들어왔다. 그때 어머니는 "이 아가씨들 중에 적절한 사람이 없으면 지난번 부산 아가씨하고 결혼하는 것이 어떻겠니?" 하고 물으셨다. 나는 그렇게 하겠다고 말했다.

어머니 말씀처럼, 선을 다 보았지만 내 사람을 찾지 못했다. 결국은 약속한 대로 부산 아가씨와 결혼하기로 작정하고 전화를 걸었다. 그러고는 대뜸 "우리 결혼합시다!"라고 했다. 선 한 번 보고 아무 것도 진행한 것 없이 1년을 보낸 다음이었다. 그러나 주님의 뜻이었기에 나의 뜬금없는 요청에도 그녀는 흔쾌히 기쁨으로 응답해 주었다. 그 후로도 우리는 자주 만나지는 못했다. 그러다가 전격적으로 결혼식을 올렸다.

결혼은 했는데, 서로에 대해 아는 것이 별로 없었던 우리는 신혼여행을 가서야 이런 저런 대화를 나눌 수 있었다. 우리는 제주도로 신혼여행을 갔는데, 관광은 많이 다니지 않고, 조용한 곳으로 가서 대화를 많이 나눴다. 그때 나눈 이야기는 대개 "형제는 어떻게 됩니까?" "학교는 어디를 나왔습니까?" "좋아하는 것이 무엇입니까?" 같은 내용이었다. 지금으로 생각하면 상상할 수 없을 것이다. 그렇게 우리는 서로에 대해 아는 바가 별로 없이 결혼했다.

하나님을 생각하지 않는다면 우리의 만남은 아이들의 말대로 '미친 짓 같은 모험'이었을지 모른다. 하지만 하나님이 인도하셨기에 이 결혼은 믿음의 열매라 할 수 있다. 그렇게 결혼한 이후에 우리는 오로지 주님이 인도하셨다는 확신을 가지고 함께 주의 종으로 부르심 받은 것을 더욱 더 실감하면서 살아갔다.

··· 목사의 결혼식

우리 5형제 중 목사가 된 형과 나는 결혼식을 마치 도둑 장가를 드는 것처럼 몰래 했다. '목사가 될 사람은 일평생 교인들에게 짐이 되어서는 안 된다'는 아버지의 뜻 때문이었다. 그래서 우리가 결혼할 때 교회에 어떤 광고도 하지 않았다. 형도 교회가 아닌 어느 회관에서 결혼식을 올렸다.

아버지는 교인들에게 조금의 짐을 지우고 싶지 않다는 뜻으로 우리 집안 사람들의 생일 조차도 모두 12월 25일로 통일하셨다. 본래 생일 날이라야 삶은 달걀 2개가 선물의 전부였기에 큰 의미는 없었다. 아버지는 평생 당신의 생일 때에 교회에도 집에도 머물지 않고 출타하셨다. 생일이라고 찾아오거나 축하해 주겠다는 분들을 피하시기 위함이다. 물론 그들의 마음을 무시하는 것이 아니다. 그 어떤 짐도 그들에게 지게 하지 않기 위해서였다.

그런 점에서 목사의 가정은 특수가정이다. 모양새는 여느 가정과 같지만, 어디에 우선권을 둘 것인가가 다른 가정과 다르다. 보통은 가정이 최우선이 되어야 한다. 그러나 목사 가정에서는 교인들이 더 우선권이 있다. 사명이 있는 가정이기 때문이다. 아내나 자녀들이 이러한 사실을 받아들이는 것이 쉽지 않다.

내 결혼식은 미리 교인들에게 알리지도 않았거니와, 알아도 올 수 없도록 월요일 정오에 신부 댁이 있는 부산에서 올렸다. 주일 저녁 예배와 교역자 회의까지 다 마치고, 늦은 밤이 되어서야 주례자이신 임택진 목사를 모시고 가족들과 함께 야간열차를 탔다. 그렇게 결혼식을 하는 바람에 새신랑이던 나는 이발소도 다녀오지 못한 채 결혼식을 올렸다.

··· 목사의 딸, 그리고 목사의 아내

목사 가정에서 목사와 사모가 나올 수 있다면 목회를 위해서는 매우 축복이라고 생각한다. 왜냐하면 목사 가정의 특수성을 일일이 설명할 필요 없이 삶으로 이해하고 있기 때문이다. 그만큼 갈등을 줄일 수 있고 나아가서 목회적인 목적에 긍정적으로 집중할 수 있다. 목사의 딸인 아내를 동반자로 맞이한 나는 큰 도움을 입고 살아왔다. 아버지께서 하셨던 낯선 말씀이 구구절절 옳았다는 확신이 든다.

지금까지 성장하는 한국 교회 목회자는 '영적인 아버지'의 역할을 해냈다. 목사는 교인들의 삶을 일일이 살피고 돌보는 역할을 했기에 근무 시간이라는 것이 의미 없는 일이었다. 24시간 대기인 셈이다. 사모는 영적 아버지 역할을 하는 남편을 내조하기 위해서 자신의 직업을 내려놓았다. 아무리 여건이 좋고 소중한 직업이라도 사모가 되기로 마음 먹었다면 예외가 없었다. 아내도 대학병원의 간호사였지만 앞으로 목사가 될 사람과 결혼하기 위해서 그 직업을 내려놓았다. 사모도 역시 지금까지 꿈을 가지고 살아왔던 자신의 직업을 헌신해야만 사모를 할 수 있었다.

사모의 역할은 가정에서만 그치는 것이 아니라 교인들의 삶도 살펴야 한다. 실제로 남성 목사가 여성 교인들과 상담하고 그들과 더불어 기도하는 일에는 한계가 있는 것이 사실이다. 사모는 지혜롭게 이러한 목사의 목회 사각지대를 사랑과 기도로 채워 나가야 한다.

Chapter 05...

가족의 희생이
자양분이 되었습니다

··· 휴가를 반납하고

미국 땅에 교회를 개척하고 교우 한 가정 한 가정과 사업장을 심방하고 기도해 주는 일이 목회 일정에서 가장 중요한 부분이었다. 교우들의 삶을 깊이 알게 되면서 그들의 고민과 감사, 절망과 소망을 알게 되고, 내적으로도 더욱 가까워졌다.

대부분 이민자들은 한국에서 자신의 영역에서 유능한 자들로 인정받고 살다가 새로운 꿈을 품고 미국으로 건너온다. 그러나 미국이라는 새로운 땅에서 시작되는 이민자의 삶은 언어가 다르고 문화나 제도가 익숙지 않기에 현지인들과는 결코 동일한 입장에서 경쟁할 수 없다. 대부분 이민자가 10년, 15년이 지나도 휴가도 가지 못하고 열심히 일하면서 살고 있었다. 부부가 함께 가게에 나가 인건비를 절약하며 애쓰고 있었다. 언어의 한계는 일상에서 발생할 수 있는 문제 해결도 어렵게 했고, 그 속에서 수많은 스트레스를 견뎌야 했다.

그들을 돌보며 목회하는 중 홀로 기도하는 시간에 뜻밖의 기도를 드리게 되었다.

"주님, 이민자들을 돌보는 동안 저도 휴가를 반납하겠습니다."

저렇게 쉼도 없이 수고하는 교우들을 섬기면서 나만 편하게 휴가를 간다는 것이 용납되지 않았다. 나는 쉬면서 저들에게 어떤 위로의 설교를 할 수 있을까 고민했다.

당시 나는 미국장로교(PCUSA)에 소속해 목회하고 있었는데 교회가 속한 노회(Presbytery)에서는 목회자가 1년에 7주간 휴가를 가도록 규정하고 있었다. 5주는 휴가를, 2주는 공부를 위해 시간(Study Leave)을 가져야 한다. 대략 여름철이 지나면 휴가 보고서를 노회에 제출해야 했다. 혹시 교회에서 이런저런 이유로 목회자가 휴가 가는 것을 반대하거나 못 가게 하는 상황이 생기는 것을 막기 위함이다. 그럴 때마다 본의 아니게 거짓말을 했다. 구체적인 내용은 적지 못하고 '휴가는 잘 다녀왔다' 정도로 두루뭉술하게 적어서 보냈다.

사실 미국 교회를 보면서 과연 이런 휴가 제도가 바람직한가를 생각할 때가 많았다. 한편으로는 사회 속에서 목사라는 직책을 하나의 전문가로서 인정해 주고, 목사의 삶의 질을 높여 주고 보호해 주는 면이 있다. 하지만 또 다른 면에서는 교회가 전체적으로 약해지는 현상으로 흘러가게 만들었다. 미국 교회에서는 여름철이 되면 찬양대도 서지 않고, 심한 경우 교육부를 운영하지 않는 교회도 많았다.

그리고 동네에서는 자연스럽게 에큐메니컬 예배를 드린다. 미국에는 지역마다 교회 거리(Church Street)가 있다. 그 사거리에 장로교, 감리교, 침례교, 성공회 등의 교회가 모여 있는데, 한 주는 장로교회에서, 그다음은 감리교회에서, 이런 식으로 여름 내내 연합예배가 이루어진다. 목사들이 휴가를 가야 하니 근처 교회들이 돌아가면서 연합으로 예배를 드린다.

물론 목회자에게도 휴가는 필요하다. 그러나 '희생'과 '헌신'이

라는 시각으로 봤을 때, 이렇게까지 해야 하는 일인가 고민하게 됐
다. 목회자부터가 희생하지 않으려다 보니 전체적으로 교회에 헌신
하는 사람들도 함께 줄어들 수밖에 없었다.

··· 딸의 결혼 소식

나는 이민자 목회를 하는 동안 처음 마음먹은 '휴가 반납'에 대
해서만큼은 꾸준히 약속을 지켰다. 그렇다고 주변에 휴가 가는 목
사들을 부러워하거나 아쉬워한 적은 없다. 마음 속 깊이 내가 드렸
던 그 기도가 합당한 기도라고 늘 생각했다.

그렇게 시간이 흘러 한국에 들어와서 목회를 하게 되었다. 어느
날 딸에게 연락이 왔다. 결혼을 하겠다고 했다. 마음이 철렁 내려앉
는 것 같았다. 가장 먼저 떠오른 생각은 '내가 딸에게 아무것도 해준
것이 없는데, 이젠 내 곁을 떠난다고? 어떻게 하지?'였다. 너무나 미
안한 마음이 차 올랐다. 결혼을 축하한다거나 결혼식 순서는 어떻
게 해야 하는지에 대한 생각들은 전혀 떠오르지 않았다. 오직 미안
한 마음만 앞섰다.

늘 아빠는 목회한다고 분주하고 자녀들은 우선순위에서 밀리
곤 했다. 때로는 아빠의 목회지에 따라 이사를 다니고 학교를 옮겨
야 했다. 아이들은 이런 손해를 묵묵히 견뎌 내고 있었다. 너무나 무
심한 아빠였다. 딸에게 해주고 싶은 말은 "미안하다, 정말 미안하다"

뿐이었다.

결혼 날짜가 가까워 오면서 미국으로 가서 사돈 부부를 만났다. 사위와 그의 가족은 백인이었는데, 만나는 내내 어쩐지 쥐구멍에라도 들어가고 싶을 만큼 부끄러웠다. 내가 영어가 서툴다거나 언어적인 소통이 어려운 것은 차치하고, 그다지 나눌 이야기가 없었다.

아무래도 상견례 자리이다 보니 자연스럽게 아이들이 어렸을 때 이야기가 소재가 되었다. 그들은 아이를 데리고 아이스하키를 가르치며 운동했던 이야기, 알래스카에 가서 연어 낚시를 하던 이야기 등 풍성한 이야깃거리가 있었다. 특별히 부자라거나 대단한 위치에 있다거나 하는 사람들이 아니었다. 평범한 미국인 가정에서 할 법한 삶의 이야기를 했을 뿐이다. 그런 이야기들은 과장도, 꾸밈도 없이 아주 편안하고 자연스러웠다.

하지만 우리 부부는 나눌 수 있는 아이들과의 좋은 추억이 거의 없었다. 그들의 이야기를 듣는 내내 딸에게 너무나 미안했다. 교회를 위해 휴가를 반납하는 바람에 아이들과 그럴싸한 휴가 한 번 보내 본 적이 없었다. 당연히 근사한 장소에 데리고 간 적도 없었다.

나야 하나님의 부르심을 받았으니 삶을 헌신하며 이민자들을 섬겼다. 내가 무엇인가 내려놓을 수 있다는 것 자체를 의미 있고 감사하게 받아들이고 살아왔다. 그러나 내 자녀들은 어떠했나? 이런 아빠를 만나는 바람에 평범한 가정에서 자라는 아이들이 누리는 혜택을 거의 누려 보지 못했다. 그런데도 단 한 번 불평이나 불만을 표현하지 않고 묵묵히 따라와 주었기에 거기까지 미처 생각지 못했다.

나는 사돈 부부에게 궁색하게 변명도 하고 아이들에게 그런 혜택을 주지 못하였음을 고해성사라도 하듯이 부끄러운 마음으로 이야기했다. 그들은 펄쩍 뛰면서 "무슨 말씀을요? 따님이 이렇게 훌륭하게 성장했는데요"라고 위로하듯 반응해 주었지만, 내 마음의 무거움은 쉽게 가시지 않았다.

··· 하지 말았어야 할 기도였을까

목사의 삶과 아빠의 삶 사이에 조화를 찾기에는 결코 쉽지 않은 간격이 존재한다. 그렇다 하더라도 내 능력은 한계가 있고, 한 개의 몸으로 두 주인을 섬길 수 없으니 이렇게밖에 못하는 것이 당연하다고 말할 수 없는 노릇이다. 그저 내가 믿는 하나님은 내 손이 닿지 않는 곳까지 굽어 살피시는 분임을 믿는 수밖에 도리가 없다.

다만 무심했던 아빠였기에 전혀 아이들을 살펴 주지 못했던 지난 날들이 심각하게 후회가 되었던 것은 어쩔 수 없었다. 급기야 '내가 왜 그런 기도를 드렸을까?' '하지 말았어야 할 기도를 드렸구나' 하는 탄식마저 하게 되었다. 내가 하는 일에 전심전력을 다하다 보니 가장 가까운 가정과 자녀들도 돌아보지 못했다.

자녀들에게 미안한 마음이 내가 살아왔던 삶에 대해서도 반성하게 만들었다. 아들이 자라면서 단 한 번 이런 질문을 한 적이 있다.

"우리하고 교회 아이들하고 물에 빠지면 엄마 아빠는 누구를 먼저 건질 거야?"

충격적인 질문이었다. 어떻게 답을 해주어야 하나 고민이 되었다. 그때도 나는 참 궁색하게 대답했다.

"물론 너희를 먼저 구해야지. 하지만 너희는 수영을 할 수 있잖아?"

아이들은 늘 교회나 교인, 심지어 다른 아이들을 먼저 생각하는 부모의 삶을 보며 적지 않게 갈등했을 것이다. 내 목회자로서의 성공적인 삶에는 자녀들과 가족들의 이루 말할 수 없는 희생이 밑거름이 되었다. 과연 나는 어떻게 만회할 수 있을까? 은퇴 후에 빚을 갚는 마음, 회개하는 마음으로 살아야겠다고 다짐한다.

어쩌면 모든 목회자가 나와 같은 고민을 했을 것이라고 생각한다. 그렇다 하여 나에게 "다시 과거로 돌아간다면 그렇게 기도하지 않겠느냐?"고 묻는다면, 자녀들에게는 미안하지만 "다시 그렇게 기도하겠다"고 고백할 것 같다. 목회자로 살아온 지난날들, 특별히 함께 웃고 울면서 인생의 위기를 극복해 왔던 수많은 교우들을 생각할 때 내 기도는 결코 잘못된 기도가 아니었음을 믿는다.

목회자가 희생하지 않으면서 제자로서 십자가를 지라고 설교할 수는 없는 것 아닌가. 목회자가 누릴 것 다 누리면서 교우들에게 희생하라고 요청할 수는 없는 것이 아닌가.

과연 내 기도는 드렸어야 할 기도인가 드리지 말았어야 하는 기도인가? 오직 주님만이 아실 것이다.

■ Part 3

●

사회에
정의를
실현했습니다

▲

나라를
사랑하고
하나님을
사랑했습니다

사 랑 이 흐 르 다 *

* 이 책의 주요 내용은 림형석 목사의 박사학위 논문, "Toward The authentic ministry paradigm(참목회 패러다임을 향하여)·림형석 목사 가계 4대 100년 목회를 중심으로"에서 요약했다.

Chapter **06**...

나라를 사랑하고
하나님을 사랑했습니다

: 1대 림준철, 2대 림재수 목사의 목회 여정

나는 4대 목사 가정에서 태어나고 자랐다. 목사가 되고 보니 이것이 놀라운 축복이라는 걸 새삼 느꼈다. 다른 직업을 가지고 살아왔다면 이처럼 소중하게 느끼지는 못했을 것이다. 지난날 우리나라 역사와 함께 호흡하며 주의 종으로 살아오신 믿음의 선조들의 삶을 이어받았다는 사실은 결코 돈을 주고도 살 수가 없는 일이고 공부를 한다고 만들어질 수 없는 값지고 소중한 일이다. 자녀가 부모를 선택하는 것이 아니기에 우리는 이를 은혜라고 고백할 뿐이다. 하나님이 우리 집안에 주신 은혜를 통해 선조들의 삶을 돌아보고 내게 주어진 삶을 되짚어 보곤 한다.

··· 독립만세운동에 앞장섰던 증조부, 림준철 목사

나의 증조부인 림준철 목사는 1879년 3월 평안북도 박천군에서 3형제 중 장남으로 태어났다. 그는 사업을 하다가 1908년 선교사를 통해 복음을 받아들이고 1910년에 세례를 받았으며 1914년에 평양신학교에 입학했다.

박천군은 평안남도와 북도의 경계에 있던 벽촌 지역으로 서양 선교사가 들어갈 지역은 아니었다. 선교사가 왔더라도 술고래가 많았던 문중의 장남으로, 복음을 받아들이기는 쉽지 않았을 것이다. 림준철 목사는 사업차 여러 지역을 다니면서 서양 선교사를 만났고, 복음을 받아들였다. 그 선교사가 평안북도 선천학교 교장이던 함가륜 선교사(C. S. Hoffman, 클라렌스 호프만)일 것으로 추측한다.

그 당시 우리나라는 일제강점기에 들어가며 절망 가운데 있었다. 림준철 목사가 예수를 믿고 신학교에 들어간 이유에는 분명 나라를 향한 소망의 마음도 담겨 있었을 것이다. 그만큼 증조부는 하나님 사랑과 나라 사랑의 마음으로 불탔던 믿음의 사람이었을 뿐아니라 애국자였다.

그 무렵 평양신학교는 1학년 3학기 제도로, 본과 3년을 마치면 졸업이었다. 1918년 가을 평북 삭주군 외남면 대관교회에 조사(전도사)로 시무하면서 한 해 한 학기씩 신학 공부를 했다. 림준철 목사는 1922년 12월 평양 장로회 신학교를 제15회로 졸업했다.

1919년 기미(己未)년 독립만세운동이 전국적으로 일어났다. 이때 림준철 목사는 삭주 대관 지역 만세운동을 주도하다가 주동자로 체포되어 3년 형을 받고 평양 감옥에 수감되었다. 그때 민족 대표 33인도 3년 형을 받았는데, 당시 시골 교역자였던 그가 비교적 무겁게 형을 받은 것은, 다른 사람을 풀어놓기 위해서 혼자서 책임을 다 졌기 때문이었다. 림준철 목사는 감옥생활 1년 후, 대한제국 마지막 황태자였던 이은의 결혼식 때 일부 독립운동가들과 함께 사면되었다. 그 후로도 감옥에서 많이 힘들었는지 가족들에게 늘 조심하라고 말했다고 한다.

··· 예배보다 중요한 것은 없다는 가르침

1919년 3월 5일 오후 2시를 기하여 면 별로 만세를 부르기로 계획했다. 같은 날 오후 2시, 읍내에서는 기독교인, 천도교인을 비롯한 주민 3천여 명이 집결한 가운데, 독립만세운동을 전개했다. 이때 출동한 일본 헌병대와 충돌하여 네 명이 현장에서 순국하고 20여 명이 붙잡혔다.

3월 9일 읍내에서는 기독교인 50여 명이 다시 만세 시위를 벌였고, 3월 31일과 4월 1일에도 수천 명의 군중이 헌병 분견소를 포위하고 유리창을 부수는 등 격렬한 독립만세운동을 벌였다.

3월 31일부터 계속하여 삭주군 외남면 대관리에서 수천 명이 되는 군중이 격렬한 만세운동을 전개하자, 일본군은 4월 5일 삭주 읍내에 헌병 다섯 명을 증파했다. 4월 6일, 6-7,000명 군중 가운데 약 200명으로 조직된 결사대가 앞장서 일본군에 대항하자, 일본군은 무차별 사격을 감행했다. 이때 현장에서 여섯 명이 즉사하고 40명이 잡혔다.

림준철 목사의 증언에 의하면 "주일에도 만세를 불렀으나 낮예배 시간이 되면 '신자들은 예배당에 가서 주일 예배 드리고 와서 계속 만세 부르겠습니다'하여 교인들을 인솔하여 예배드리고 나왔다. 그런데 그 시간에 헌병들이 와서 총격을 가하여 사상자를 냈다. 독립만세운동이 중요하지만 예배보다 중요하지 않다. 꼭 예배는 드려야 한다!"라고 했다.

참고로 일제 재판 문서 '림준철 판결문'에는 이렇게 기록되어
있다.

배원근 등으로부터 선언서 여러 매와 대한독립단기(大韓獨立團旗) 와
태극기(太極旗) 를 건네받아 창평 교회 교도 및 시장 사람들과
독립만세를 불렀다.
* 비고: 1919년 3월, 평북 삭주에서 만세운동을 주도했다가 체포되어
1년여의 옥고를 치름

··· 출옥 후 민주 봉천에 선교사로 파송받음

림준철 목사는 출소 후에도 여러 가지 핍박이 있었다. 1924년
의산노회파송으로 만주 봉천(현 심양) 영구 지방에 전도 목사로 파송
받고 그곳에서 시무했다. 후에는 궁태포교회 외에 쌀영교회, 우지황
교회 이렇게 세 교회를 목회했다. 쌀영교회는 중국인 교회가 되었
고 많은 사람이 모이는 아주 큰 교회가 되었다.

1994년 나의 아버지 림인식 목사가 은퇴 후에 중국 동북신학교
에서 강의할 기회가 있었다. 나와 형 림형석 목사는 아버지와 함께
증조부가 목회하시던 궁태포교회를 방문했다. 그곳은 지금도 교인
이 8-90명 정도 모이고 있었다. 거기에서 나이 지긋한 한 집사님을
만났는데, 1대 목사에 대하여 잘 기억하고 있어서 매우 반가웠다.

1931년 만주사변(滿洲事變)이 일어났다. 선교사들의 활동이 제한되어 더는 사역을 계속할 수 없었다. 림준철 목사는 본국으로 돌아와 목회했다. 그는 일생 목회하는 가운데 평북노회, 용천노회 지역의 큰 교회에서 시무했다. 당시는 교역자가 턱없이 모자랐다. 평북노회 내 철산, 박천당골 등 일곱 교회를 순회하며 목회하였고, 용천노회 내 남압에 위치한 학소교회에서 시무했다. 림준철 목사는 한평생 부르심에 순종하며 사역하다가, 1944년 9월 1일 용천 남시교회 강단을 지키던 중 뇌막염으로 65세에 하나님의 부르심을 받았다.

아버지는 림준철 목사의 삶을 생생하게 기억하며 이렇게 고백한다.

"우리 집안에서는 1대 림준철 목사를 제일 고맙게 생각한다. 우리 집안에 선교사, 목사, 애국자 그리고 학자의 DNA를 유산으로 남겨 주셨다. 그 척박한 시기, 어려운 때, 우리 문중이 모두 미신을 믿는 술고래였는데, 그 틈바구니에서 예수를 믿었다는 게 감동이다. 더욱이 그 어려운 가운데 평양신학교를 졸업하고 목회하셨다는 것이 감사하다."

림준철 목사가 물려준 우리 가문의 성품은 외유내강이다. 그는 선비같이 말수는 많지 않았지만 정신적으로 크게 지도력을 발휘했고, 주변의 존경을 받았다. 그는 애국자였다. 그는 철저한 항일정신에 애국심으로 가정예배를 드렸고, 민족과 독립을 위해 기도했다. 또한 그는 예배자였다. 그는 하루도 거르지 않고 가정예배를 드리면서 자손들 위해 기도했다. 언제나 민족 해방을 위해 기도했는데, 결국 해방은 못 보고 세상을 떠났다.

림준철 목사는 우리 집안에 아브라함과 같은 믿음의 족장이다. 그는 복음과 말씀에 대한 철저한 열정, 선교사 정신, 선비 정신, 목회자 정신, 그리고 사업가의 지혜를 유산으로 남겼다.

··· 림준철 장학회 설립

림준철 목사의 삶과 나라 사랑 그리고 독립운동을 위한 희생을 인정받아 2005년 8월15일 대한민국 국가로부터 '건국 훈장 애족장(3.1운동)'을 서훈받았다. 그리고 이 일을 계기로 나의 아버지이자 림준철 목사의 손자 림인식 목사가 '림준철 장학회'를 설립했다.

장손에게까지만 매월 지급되는 국가유공자 보상금을 가족합의에 의하여 다른 곳에 일체 쓰지 않고 전액 림준철 장학회에 쓰기로 했다. 그 액수만으로 넉넉지 않아 림인식 목사가 집회 다닐 때 받는 거마비 등을 사용하지 않고 모으기로 작정했다.

그밖에도 림인식 목사의 귀한 뜻을 알고 자진하여 선한 마음으로 협력해 주신 분들의 기증액도 모였다. 주로 성직자 양성을 위한 장학금으로 사용하도록 장학회를 설립했고, 자손들이 이 일을 이어 가도록 맡겼다. 덕분에 우리 집안의 유산은 증조부의 뜻을 따라 훌륭한 인물을 키워 내는 일이 되었다.

림인식 목사는 장학회를 설립하면서 림준철 목사를 통해 주신 하나님의 은혜를 이렇게 고백했다.

"그의 목회와 애국을 위해 드린 기도를 귀히 받으시옵소서. 한국 교회가 성장하여 세계 차원으로 쓰임 받을 수 있는 교회가 되게 하시니 감사합니다. 민족 해방을 주시고 신앙의 자유를 얻어 계속 할아버지의 뜻을 이룰 수 있게 해주시니 감사합니다. 남북 복음적 평화 통일을 이루어 통일 한국 교회가 세계 선교 선두주자가 되도록 지속적으로 힘써 가는 것이 우리의 사명임을 고백합니다. 우리 자손 4대에 목회 계승을 주셨는데, 후손에게 지속되도록 힘쓰겠습니다. 현재와 미래는 우리 민족에게 할아버지 같은 인물이 많이 필요하니 림준철 장학회에서 키워 나가겠습니다."

림준철 장학회는 2021년 9월 10일 제1회 림준철 장학금 수여를 시작으로 현재까지 총 아홉 명의 목사와 전도사에게 34회 장학금을 수여했다.

··· 공산당 앞에서도 굽히지 않았던 조부,
　　림재수 목사

나의 조부인 림재수 목사는 교육자이며 목회자이다. 그는 어려운 시대에 목회가 너무나 어렵다는 것을 생생하게 체험했다. 아버지였던 림준철 목사가 애국운동을 하다가 감옥에 가고 일본 경찰에 쫓겨 다니던 것을 보고 자란 것이다. 림재수 목사의 어린시절은 말할 수 없이 빈궁했다. 이러한 경험 때문인지 그는 교사가 되었다. 중국에서도, 귀국한 후에도 소학교에서 교편 생활을 계속했다.

림준철 목사는 그에게 목사가 될 것을 권면했다고 한다. 그러나 그는 목회보다는 교직이 자신에게 더 맞다고 생각했다. 결국 해방 전 가장 어려운 시기에 신학 공부를 시작했다. 그때는 정치적으로나 사회적으로 매우 어려운 때였다. 그는 늦은 나이에 신학을 공부하면서 목회를 시작했다. 시작도 어려웠고 상황도 녹록지 않았지만, 주어진 자리에서 최선을 다해 목회를 감당했다.

림재수 목사는 조용한 성품으로 큰 소리를 낸 적이 별로 없었으나, 진실하고 강직한 성품을 가진 인물이었다. 내 삼촌 림영식 목사가 이런 말을 했다.

"아버지는 내가 가장 존경하는 목사님이다. 북한에 있을 때, 공산당의 박해를 받으며 피해 다닌 적이 있다. 한번은 공산당원이 찾아와서 아버지에게 '당신은 무얼 하는 사람인가?' 하고 물었다. 그때 아버지는 '나는 전도사입니다'하고 말씀했다. 잘못하면 끌려가서 죽을 수도 있는데, 아버지는 거짓말하지 않고 사실대로 말씀했다. 우리 아버지는 가장 목사다운 목사였기에, 나는 아버지를 존경한다."

림재수 목사가 은퇴한 후, 나의 아버지 림인식 목사는 부모님을 집으로 모셨다. 당시 우리집에는 열세 명의, 4대가 함께 사는 대가족이었다. 내가 할아버지와 함께 방을 사용하던 시기도 있었다. 철없는 손주가 마음에 안 들 때도 많았을 텐데, 할아버지 림재수 목사는 늘 온유했고 사랑으로 대해 주었다. 그리고 모든 삶에 정결했다.

림재수 목사는 매일 드리는 가정예배에서 일일이 가족들의 이름을 부르며 기도해 주었다. 할아버지가 어린 손주들에게 들려주는 지난 1대와 2대 목사의 신앙이야기를 통해 우리 가정에서는 자연스레 신앙 전승이 이루어졌다.

Chapter 07

사회에
정의를 실천했습니다

: 3대 림인식 목사와 그 후대의 목회 여정

나의 아버지 림인식 목사는 증조부 림준철 목사가 중국 봉천에서 선교사로 사역하던 1925년 출생했다. 림인식 목사는 1940년대에 직장 생활을 하였다. 일제강점기 말기였던 당시, 신사참배 문제가 국민들을 어렵게 하던 때였다. 아버지는 새벽 네 시에 일어나서 매일 아침은 선 채로 먹고, 출근 기차까지 뛰어가서 잠은 기차에서 자는 생활을 2년 정도 했다. 그런데 갑자기 군대 소집 영장을 받았다. 그때는 소련군이 일본에 선전포고를 하고 홍수처럼 밀고 내려오는 때였기 때문에 소집 영장은 사망선고와 같았다.

··· 죽을 고비에서 살아 돌아오다

림인식 목사의 소식을 들은 온 교인이 군대 가는 형제를 울면서 배웅했다. 당시 맹장염에 걸려 일어서는 일도 힘들어하던 조부 림재수 목사까지 그 힘든 몸을 이끌고 신의주까지 따라 나왔다. 이것이 아들을 보는 마지막 날이라고 생각했기 때문이다.

림인식 목사가 신의주 어느 중학교 운동장에 시간 맞춰 가 보니 많은 청년이 그 넓은 운동장을 가득 메우고 있었다. 그런데 오라고 한 시간이 한참 지났는데도 아무도 나타나지 않았다. 보통 엄하게 통제하던 일본 군대였는데, 이렇게 지각을 하거나 시간을 못 맞추는 일은 거의 없었다. 림인식 목사는 이상하다는 생각을 하고 있었다.

그렇게 30분이 지나고 한 시간이 지나도 아무도 나타나지 않아 모두 불안해하며 서성거리고 있는데, 일본군 대위 하나가 나와 교단에 올라섰다. 그러더니 이렇게 한마디 하고는 들어갔다.

"상부 명령에 의해 해산!"

모두 어리둥절했다. 소집해 놓고 해산이라니 이해가 안 되었다. 거기 모인 사람 모두 정말 돌아가도 되는 게 맞는지 어리둥절하다가 하나 둘 운동장을 빠져나갔다. 그런데도 누구 하나 제지하는 사람이 없었다. 림인식 목사는 무사히 집으로 돌아왔다.

그다음 날이 1945년 8월 15일이었다. 아침부터 비가 억수같이 내리고 천둥 번개가 치고 어수선했다. 그런데 열두 시가 되자 갑자기 햇볕이 화창하게 비치고 날이 맑아지는데 그야말로 광명천지가 되었다. 정오에 라디오에서 일본 천황이 방송했다.

"항복한다!"

그때까지 무슨 말인지 몰랐다. 실감이 나지 않았다. 그동안 계속해서 포츠담, 얄타회담 얘기가 나오고, 싸움이 벌어지면 일본이 이기는 줄만 알고 있었다. 그러다가 갑자기 항복이라니 무슨 뜻인가 의미를 모르다가, 오후가 되어서야 이해가 되기 시작했다. 거리마다 사람들이 뛰쳐나와 "일본이 항복했다. 이제 우리는 해방이다!" 하면서 만세를 불렀다. 저마다 얼싸안고 울고불고, 온 신의주 바닥이 야단이 났다.

상황이 이러하니 8·15 광복은 림인식 목사 본인이나 그의 가족에게 아주 특별한 의미가 있다. 일주일만 더 전에 소집 영장을 받았다면 생사가 불분명했을 수 있었다.

림인식 목사는 죽을 자리에서 구원을 받아 집으로 돌아온 후에 신의주 공업전문학교에 입학했다. 성적이 아주 좋았다. 그런데 해방되고 나니 온 나라가 공산 천지가 되면서 사정이 점점 어려워져 갔다. 3학년 졸업반이 되었다. 얼마 안 있으면 졸업인데, 한 교수가 은밀히 그를 불렀다. 웬일인가 하고 찾아가 만났더니, 공산당에 입당하라고 했다. 가슴이 철렁했다. '아하, 이 교수도 공산당원이구나!' 하는 위기감과 함께 두려운 생각이 들었다.

··· YMCA 청년 리더, 평양신학교에 입학하다

그 무렵 림인식 목사는 평양신학교에 입학했다. 그런저런 사정으로 모두 평양신학교로 모였는데, 그때 55세 장로님도 있었다. 고등학교 교장 출신이었는데, 공산 세상이 되니 더는 공산주의를 가르칠 수 없다고 해서 신학교에 입학했다.

림인식 목사는 신학 공부를 하기 전에도 주일학교 봉사, 청년 활동, 성가대 봉사 등은 물론이고 총각 집사로 교회 일에 열심이었다. 마음속에 언제나 교회를 위해서 살아야 한다는 생각, 체질, 사명의식, 열심이 있었다. 그 어려운 때 림인식 목사가 앞장서서 노회 안에 있는 여러 교회를 엮어서 연합 성가대회, 연합 웅변대회, 동화대회 같은 것을 열기도 하고, 교회끼리 연합해서 설교대회도 자주 열었는데 그때 그 청년들 가운데는 후에 목회자가 된 사람이 많았다.

당시 애국 청년들은 YMCA로 모였다. 신학생이던 림인식 목사가 청년 리더였다. 그는 청년운동도 활발하게 했는데 얼마나 열심을 내었던지 그때 교회 신문, 잡지가 있었던 것도 아닌 때인데 어떻게 소문이 퍼져 용천노회에서 결의했다. 사람들은 '림인식이 인물이다' '이 청년을 키워 주자'면서 어떤 학교를 가든지 노회가 전액 장학생으로 학비를 지원하겠다고 나섰다. 그의 부친이 가난한 전도사이고, 본인도 청년 운동을 열심히 하니 노회에서 이 청년을 키워 주자 하고 결의했다. 림인식 목사가 신학교에서 면접을 보면서, 모르는 것은 모르는 대로 최선을 다해 대답했더니 그 자리에서 합격했다. 그렇게 해서 평양신학교에 진학했다.

신학교는 오래 전부터 흠모해 왔으니까 내 집 안방에 들어온 것 같은 생각이 들었다. 신학교에서 공부할 수 있다는 것만 해도 감사했다. 말하자면 깊은 절벽에 떨어졌다가 다시 살아난 느낌이었다.

··· 사회 정의와 평화를 추구, 림인식 목사

림인식 목사는 한국 교회 내에서 독특한 목회 철학과 실천으로 잘 알려져 있다. 그는 서울 노량진교회에서 오랜 기간 목회하면서, 복음의 본질을 충실히 전달하고 사회적 약자에 대한 관심과 사랑을 실천하는 목회를 펼쳐 왔다. 림인식 목사의 목회 패러다임은 다음과 같은 핵심적인 특징들로 정리할 수 있다.

복음 중심의 설교 : 림인식 목사는 성경의 권위와 복음의 메시지를 중심으로 한 설교를 강조했다. 그의 설교는 신학적 깊이와 함께 적용 가능한 실제적인 교훈을 제공하는 것으로 유명하다. 그는 성도들이 성경 말씀을 깊이 이해하고 일상생활 속에서 그 가르침을 살아 내도록 격려하는 데 중점을 두었다.

소외된 이웃에 대한 사랑과 봉사 : 림인식 목사의 목회는 사회적 약자와 소외된 이웃에 대한 깊은 관심과 사랑에 기반을 두고 있다. 그는 교회가 단순히 영적인 측면에서만 아니라 사회적 책임을 갖고 이웃을 섬겨야 한다고 믿었다. 이러한 신념은 교회 안의 가난한 이들과 교회 밖의 사회적 약자들을 위한 다양한 사역과 프로그램을 통해 구현되었다.

성도 개개인의 영적 성장 강조 : 림인식 목사는 성도의 개인적인 영적 성장을 매우 중요하게 여겼다. 그는 성경 공부, 기도, 영적 멘토링 등을 통해 성도들이 신앙적으로 성숙해지는 과정을 적극적으로 지원했다. 그의 목회 아래에서 많은 성도가 개인적으로 깊이 있는 신앙 생활을 경험하고 성장했다.

교회 공동체의 중요성 : 림인식 목사는 교회 공동체의 건강과 일치를 강조했다. 그는 교회가 서로를 사랑하고 서로의 부담을 나누는 진정한 공동체가 되어야 한다고 강조했다. 이를 통해 교회는 복음의 빛을 세상에 더 효과적으로 비추고, 세상 속에서 하나님의 나라를 실현하는 도구가 될 수 있다고 믿었다.

사회 정의와 복음의 실천 : 림인식 목사는 사회 정의 문제에 대한 깊은 관심을 가지고 있었다. 그는 교회가 세상 속에서 복음의 가치를 살리기 위해 사회적 정의와 평화를 추구하는 데 앞장서야 한다고 주장했다. 이는 불의에 맞서는 활동뿐만 아니라, 정의롭고 평화로운 사회를 만드는 데 기여하는 다양한 방식으로 표현되었다.

림인식 목사의 목회는 한국 교회에 깊은 영향을 미쳤으며, 그의 신앙과 사역은 많은 이들에게 영감을 주고 있다. 그의 목회 방식은 기독교의 본질에 충실하면서도 현대 사회의 다양한 도전에 적극적으로 응답하는 모범을 보여 주었다.

··· 참목회와 예방목회, 4대 림형석 목사

림인식 목사의 장남이자 나의 형님인 림형석 목사는 한국 교회 최초 4대 목사로 평촌교회를 담임했다. 그러다가 2022년 말 은퇴하고 '참목회연구원'을 개원, 새로운 사역을 시작하고 있다. 연구원 개원 즈음 발간된 《참목회를 위하여》는 '림형석 목사의 예방목회 이야기'란 부제가 달려 있다. 림형석 목사는 국내 목회 현장에 최초로 '예방목회'란 개념을 도입한 목회자로 "참목회를 펼치면 예방목회가 된다"는 평소 지론을 이 책에서 펼쳤다.

림형석 목사는 46년의 목회 기간 동안에 한국과 미국의 세 교회에서 담임목회를 했다. 매번 여러모로 힘든 교회를 맡아 부흥시킨 경험이 있다. 그는 "우리는 모두 참목회를 꿈꿔야 한다"며, "참목회는 주 예수 그리스도께 집중하는 목회"임을 강조한다. 참목회는 세상 풍조와 상관없이 그분의 시선으로 이 땅을 바라보고 목양하는 것으로 주님 말씀 그대로를 목회 현장에서 실천하는 것이다.

그렇다면 참목회란 무엇일까? 참목회란 성도를 사랑하는 목회이며 최선을 다하는 목회다. 또한 성도의 기를 살리며 양보하고 당회를 화목하게 하는 목회다. 그것은 덧셈의 목회이며 결국 목회자가 존경을 받는 목회다.

'참목회는 무엇인가?'라는 질문은 '참목회자는 누구인가?'라는 질문으로 바꿀 수도 있다. 여기에 대해서 림형석 목사는 이 땅의 모든 목회자의 모델이요 참 목자이신 주 예수 그리스도를 닮아야 한다고 강조한다. 목회자가 진실에 바탕을 둔 창조성을 갖고 사역해 나갈 때, 참목회와 지속적인 부흥이 가능하다. '기획목회'와 '성령충만한 목회' '온 교회가 전도하는 시스템의 장착' '현대적 설교' '성경 사랑' '봉사의 생활화' '본을 보이는 목회자' 등이 참목회의 핵심 사역들이다.

예방목회는 위기를 미연에 방지하는 목회, 위기가 닥쳤을 때에 슬기롭게 극복해 나가는 목회다. 예방목회는 예수님의 참 목자 모델을 따르는 참목회를 지향한다. 책에서 김형석 목사는 "예방목회

를 어떻게 할 것인가?"라는 질문을 던지며 다음과 같은 일곱 가지를
제시한다.

첫째, 주인과 싸우지 말라
둘째, 갈등의 당사자가 되지 말고 중재자가 되라
셋째, 사역보다 인격을 점검하라
넷째, 설교와 돌봄 사역에 힘쓰라
다섯째, 소통의 폭을 넓히라
여섯째, 외유내강하라
일곱째, 은퇴를 미리 준비하라

저자의 예방목회 모델은 평생 사역을 통해 검증했다. 성장모델,
부흥모델, 교회병리학 모델을 모두 아우르는 선교적 모델로 위기를
맞이한 한국 교회가 깊이 생각해야 할 주제다.

··· 아버지의 본을 따라 본질에 충실한 목회, 4대 림형천 목사

나는 림인식 목사의 차남이자 가계의 4대 목사로서 활발한 목
회 사역을 해 왔다. 1991년 3월부터 뉴욕 롱아일랜드에 아름다운교
회를 개척하여 12년 반 동안 목회하면서 크고 아름다운 예배당도
마련하고 1천 명의 교회로 성장시켰다. 2003년 7월부터는 나성영락
교회 담임목사로 부임하여 8년 반 동안 교회를 이끌었다. 나성영락

교회는 이민 교회들의 모교회와 같은 자리에서 교회뿐 아니라 지역 사회에 많은 영향을 끼치는 교회로, 특별히 젊은 세대가 크게 부흥하는 역사를 이루었다.

2012년 3월부터 서울 잠실교회 담임목사로 사역하였다. 코로나 위기를 잘 극복하며 교회의 본질에 충실한 목회를 이끌기 위해 노력했다. 매주 세례를 베푸는 교회가 되었고 교육부 젊은이들이 성장하며 특별히 3-40대 부부들이 크게 성장했다. 꾸준히 지역 사회를 섬기면서 선한 영향력을 끼치는 교회로 선교적 사명을 감당하고 있다.

나는 종종 아버지 림인식 목사로부터 목회적 영향을 많이 받았음을 느낀다. 어떤 부분인지 몇 가지로 정리해 보았다.

첫째, 최선을 다하는 목회를 하기 원했다. 아버지는 목회 일념으로 일생 최선을 다하며 사셨다. 우리중 누구라도 집에서 '피곤하다' '몸이 좋지 않다'고 하면, 아버지는 "주를 위해 충성하지 않아서 그렇다"고 말씀하셨다. '주님을 위해 최선을 다하면 건강도 책임져 주신다'고 하셨다. 나 역시 아버지의 뜻을 이어받아 휴가를 바납하고 매 순간 최선을 다해 목회했다.

둘째, 교회의 유익을 구하는 목회를 하기 원했다. 자라면서 아버지를 통해 '목사의 가정이 교회에 결코 짐이 되어서는 안 된다'는 것을 배웠고, 그것을 자녀들에게도 가르쳤다. 가령 아무리 사소하더라도 교회 물품은 못 쓰게 했다. 복사나 출력도 교회에서 하지 말고 문구점에서 돈을 주고 하게 했다.

셋째, 화평을 추구하는 목회를 하기 원했다. 아버지의 목회에는 일보다는 화평이 항상 우선이었다. 그런 정신을 물려받아 언제나 화평을 우선적으로 추구했다. 화평케 하는 목회를 하려면 일 중심의 목회보다 생명 중심의 목회에 집중해야 한다. 평신도 리더들이 부장을 맡고 일거리를 처리하는 책임이 중심이 될 때 많은 갈등과 다툼을 만들어 내곤 한다. 일은 조금 더디더라도 화평을 중요시하고 한 사람 한 사람과의 사귐, 서로를 위한 중보 등 생명 중심의 목회를 경험하게 해주어야 한다. 평신도 리더들도 사람을 돌보고 섬기는 역할을 맡게 해 줄 필요가 있다. 단순히 갈등이 없는 것에만 머물지 않고, 교인들을 행복하게 하는 목회, 교회를 자랑스럽게 느끼게 하는 목회를 하는 것이 중요하다. 이외에도 화평한 목회를 위해서는 사람을 편애하거나 차별하지 않아야 하고, 때로는 적절한 유머를 사용하는 것도 필요하다. 아버지는 늘 유머를 매우 적절하게 사용하셨다.

넷째, 본질에 충실한 목회를 하기 원했다. 아버지는 "목회는 잘하려고 하는 것이 아니라, 잘 마치려고 하는 것이다"라는 조언을 해주셨다. 잘하려고 하면서 변칙도 하고 욕심도 부리다가 일생의 목회가 무너지는 경우가 너무 많다. 목회를 다 마쳐도 후회가 없고 긍정적인 결과가 되어야 한다. 그런 정신을 따라서 목회를 계획할 때, 하나님이 기뻐하시는 일인지, 내가 욕심을 내는 것은 아닌지 늘 물어봐야 한다. 유행보다는 목회의 본질인 예배, 전도, 세례, 양육, 선교, 기도 등에 집중할 때 교회가 평안하게 성장할 수 있다. 지금까지 목회하면서 매달 한 번씩 세례를 베풀었고, 현재는 매 주일 세례를 베풀고 있다.

다섯째, 말씀 사역에 최선을 다하는 목회를 하기 원했다. 아버지는 현역 때나 은퇴 후에도 말씀 전하는 일에는 전혀 타협 없이 늘 최선을 다하셨다. 아버지는 "네가 교인들을 바꾸려고 하지 말아라. 사람들 바꾸는 것은 성령님이 하시는 일이다"라고 가르치셨다. 하나님의 말씀을 바르게 전하면 말씀이 사람을 바꾼다는 의미이다. 목회하는 동안 이 원칙에 충실하기 위해 말씀을 준비하는 일에 타협하지 않았다. 교회가 자라 가면서 심방 등 목회는 점점 시간에 쫓기게 되지만, 그럼에도 설교를 준비하는 일을 적당히 하지 않았고, 어떤 경우에도 설교의 수준에 타협하지 않았다. 건강이 감당되었던 50대 초반까지는 토요일에 교회에서 아예 밤을 꼬박 새우며 설교를 준비했다. 교회가 성장하고 교인들이 다양해질수록 성실하게 준비된 설교가 교회를 건강한 방향으로 이끌어 간다.

··· 아브라함의 하나님, 이삭의 하나님,
　　야곱의 하나님
이처럼 우리 가정은 선대로부터 목사의 가정으로 이어지고 있다. 이는 여러 가지 면에서 큰 축복이라고 고백한다. 우선, 집안 자체가 우리 민족의 역사 속에서 복음 전파의 역사를 감당해 왔다는 점에 내 목회에서 사회적 책임 또는 역사적 책임을 더 느끼게 해 준다.

국가유공자의 후손이라는 사실도 교회를 생각할 때 사회나 역사와 분리된 신앙공동체가 아니라 사회 속에서 사명을 받은 공동체라는 것을 생각하게 만든다. 아프리카의 어느 물살이 센 강을 건널때마다 무거운 돌을 하나씩 지고 건너간다는 이야기처럼, 역사나사회에 대하여 결코 가볍지 않은 책임감을 가지는 것이 시대 속에서 흔들리고 넘어짐 없이 교회를 이끌어 가는 힘이 된다고 믿는다.

또한 하나님이 우리의 선조 때부터 나를 불러서 사용해 주셨음을 기억케 한다. 내 제한된 삶의 경험 속에서만이 아니라 선조들을 통해서도 보여 주신 주님의 사랑과 은혜, 선조들을 통하여 일하신하나님을 더욱 깊게 알게 하시는 특별한 방법이라고 생각한다. 동시에 선대로부터 섬겨 온 교회라는 점에서 교회를 더욱더 사랑하고귀하게 여기는 마음을 갖게 해 준다.

우리 가정의 전통 속에는 교회를 우선시하는 의식이 매우 분명하다. 각각 다른 시대에 사역하였더라도 모두 그 시대의 교회를 통하여 하나님이 일해 오셨음을 잘 알기에 교회를 더욱 중요하게 여길 뿐 아니라 소중하게 여긴다.

여러 해 전, 미국에서 목회하던 중 한국을 다녀가던 길에 있었던 일이다. 내가 자라난 노량진교회에서 헌신예배를 인도해 달라는 요청이 있어서 말씀을 전했다. 예배를 마치고 교우들과 인사를 나누는 중에 연세가 꽤 드신 권사님이 "참 훌륭하세요, 훌륭하세요"라고 하시기에 '오늘 설교가 은혜가 있었나 보다' 잠깐 생각했다. 그런데 권사님과 대화를 나누어 보니 그것이 아니었다. 아버지 림인식 목사가 참 훌륭하시다는 뜻이었다.

내용인 즉, 얼마 전 형님인 림형석 목사도 노량진교회에 강사로 부름받아 설교한 적이 있다고 한다. 그런데 그때 형의 첫 인사나 내 첫 인사가 같았다고 한다.

"우리는 자라날 때 늘 부모님으로부터 '너희는 교회에서 키워 줬다. 성장하여 교회에 빚을 갚아라'는 말씀을 자주 들었습니다."

두 형제가 교회에서 설교하면서 누구보다 아버지께 감사하는 말로 시작하니, 당연히 '아버지가 참 훌륭한 분이구나' 생각하신 것이다. 우리에게 받은 은혜에 감사하는 자녀로 키워 주신 부모님께 늘 감사를 드린다.

교회를 향한 우리의 마음은 늘 우리를 키워 준 곳, 우리를 사랑해 준 곳, 우리의 신앙과 인격을 갖추게 해 준 곳이다. 그러니 이 사랑의 빚을 갚아 나가는 것이 당연한 우리의 삶이 되어야 하는 것 아닐까? 교회를 떠나서는 내 삶도, 대대로 우리 집안도 생각하기 힘들다. 그만큼 교회는 중요하고 소중한 곳이다.

날마다 가정예배를 드리며 이 기도를 빠트리지 않는다.

"우리 집안이 대대로 주의 종의 가정이 되게 하옵소서."

이제는 주의 종으로 살아가면서 그 기도에 담긴 감사도 사랑도 사명도 더욱 실감하며 살아간다.

대대로 주의 종의 가정이라는 고백에 담긴 또 하나의 의미는 선조 때부터 내려온 목사직에 대하여 그 어떤 부끄러움을 만들지 말아야 한다는 거룩한 책임감이다. 내가 실수하면 선조들이 쌓아 온 성직의 삶에 큰 오점을 남기는 것이 된다. 조상 때부터 섬겨 온 가정임을 내가 은혜라고 고백하듯이 내 후손들도 이것이 은혜라고 고백할 수 있어야 한다.

4대가 목사의 삶을 살아온 것은 험난한 시대에도 타협하지 않고 빈곤한 세대에도 비굴하지 않았던 목사다움이 이어져 온 것을 말한다. 이 아름다운 가치를 결코 내가 허물어서는 안 된다. 쌓는 것은 힘들어도 허무는 것은 너무나 쉬운 법이다. 이런 거룩한 부담감들이 오늘의 내가 있고 우리가 있게 하는 힘이라고 감히 고백할 수 있다. 이것이 진정 은혜이다.

전혀 뜻밖에 '좋은 교회를 세우라'는 하나님의 부르심으로 이민자의 땅에서 목회를 하게 되었다. 전혀 생각조차도 해 본 적이 없었기에 내가 어떻게 이민 목회자가 되었지 스스로 반문할 때도 있었다.

그런데 문득 이런 생각이 떠올랐다. 이민 목회자가 결코 낯선 것이 아니다. 나의 증조부도 만주에서 목회를 하셨으니 이민 목회자셨다. 내 핏줄에는 이미 선교사도 있고 이민 목회자도 있고 독립운동가도 있고 시골 목회자도 있고 도시 목회자도 있다! 이 어찌 하나님의 은혜가 아닌가?

이런 생각을 하면서 목회자 자녀들은 좀 더 어려운 형편의 목회도 감당해내야 한다는 결의를 해 본다. 선조들의 헌신된 삶을 어떤 형태로든지 소유하고 있는 것이 아닌가? 어떤 길이든지 낯선 길이 아니라는 사실을 기억하자.

■ Part 4

●

이민의 땅에서
기적을
보았습니다

▲

목사는
교인에게
짐을 지우면
안 됩니다

사랑을 증명하다

지나 보니
아름다운
목회였습니다

Chapter **08**...

목사는 교인에게
짐을 지우면 안 됩니다

요한복음 21장에 나오는 주님과 베드로의 대화는 목회자로 부름받은 내게 큰 영향을 끼쳤다. "네가 나를 사랑하느냐? 내 양을 먹이라"는 주님의 음성은 내게도 조용하지만 강력하게 다가왔다. 이 대화 속에서 나를 부르시고 만나 주시는 주님의 은혜를 체험했다.

주님은 베드로에게 말씀하시며 '내 양'이라고 칭하신다. 내가 돌보아야 하는 교우가 있다고 할지라도 그들은 내 양이 아니라 주님의 양이라는 사실이다. 우리가 주님을 사랑한다면 그 결과는 주님의 양들을 돌보는 것으로 나타나야 한다. 주님을 사랑한다는 것은 결코 추상적이지 않다.

또한 주님과 베드로의 대화는 사랑의 가능성에 대하여 깊은 깨달음을 준다. 내가 주님의 양들을 사랑하려면 먼저 주님을 사랑해야 한다. 내 사랑으로 양들을 돌보는 것에는 언제나 한계가 있다. 이런 사랑은 하나님의 사랑과는 아무 상관없는 인본적이고 심리적인 사랑일 뿐이다.

한번은 교우의 자녀가 결혼식을 올린다고 해 참석했다. 미국에서는 결혼식 리셉션에서 자주 램찹(양고기 요리)이 나온다. 어느 교우가 내게 물었다.

"목사님은 양고기는 안 잡수시지요?"

"왜요?"

"목자가 양을 드시면 됩니까?"

그 자리에 모인 사람들과 즐겁게 웃었다. 그런데 그 대화는 두 고두고 나에게 좋은 가르침으로 남았다. 목자는 결코 양을 먹지 말아야 한다. 양을 희생시키지 말아야 한다. 오히려 그들을 살피고 돌봐야 한다. 그 이후 나는 예외적으로 두 차례 정도를 제외하고는 실제로 양고기를 먹지 않았다. 하나의 상징적 결단으로 말이다.

우리는 성경을 바르게 잘 읽을 필요가 있다. 주님은 "네 양을 먹이라"라고 하셨지 "네 양을 먹으라"고 하시지 않았다는 사실이다. 목회하면서 종종 다가오는 유혹이 있다. 교우들을 통하여 내 이익을 추구하는 것이다. 그러나 목회자가 개인의 이익을 추구하거나, 교우들을 내 이익의 도구로 삼아서는 안 될 일이다. 교우들 한 사람 한 사람은 모두 주님의 양들이다. 목사는 교우들을 먹여야 하는 사명을 받은 자들이다.

··· 좋은 교회를 세우라는 부르심

내 첫 목회는 이민 지역인 뉴욕 롱아일랜드에서 시작되었다. 그곳에 가게 된 계기가 있다. 1987년부터 시작된 미국 유학 중에 주말에는 정인영 목사가 담임하시던 팰리세이드교회에서 목회를 도왔다. 당시 뉴욕과 뉴저지 지역에서 가장 빨리 성장하고 있었던 이민교회였다. 그때만 해도 이민자 사회에 부교역자로 섬길 이가 많지 않았다. 그래서 내가 프린스턴신학교에 유학왔다는 소식을 들은 정인영 목사가 목회를 도와달라고 요청해 주셨다.

첫 학기에는 학교에 적응기로 보내고, 다음 학기부터 주일이면 팰리세이드교회에서 부목사처럼 목회를 도왔다. 교회는 정인영 목사의 은혜로운 설교와 덕스러운 목회에 따라 매우 활발하고 은혜로운 교회로 성장하였다. 교우들과도 주 안에서 귀한 교제들을 나눌 수 있었으며, 내 영적 생활이나 신학 공부에도 힘이 되었다.

자연스럽게 이민자들의 삶을 보게 되고 좀 더 깊이 이해하게 되었다. 이민자에게는 고향을 떠나 새로운 땅에서 삶을 개척해 가는 과정에서 마음속 깊이 내적인 갈등과 외로움과 두려움이 있었다. 자연스럽게 이들을 위한 기도가 이어졌다.

어느 날 기도 시간에 뜻밖에 하나님의 음성을 들었다.

"좋은 교회를 세워라."

너무나 낯설고 당황스러웠다. 사실 나는 단 한 번도 이민자들을 위한 목회를 떠올려 본 적이 없었다. 속히 필요한 공부를 하고 귀국하여 한국 교회를 섬기는 계획만 가지고 있었다. 그런데 공부하는 중에 "좋은 교회를 세우라"는 주님의 부르심을 받았다.

처음에는 당혹스러운 시간을 몇 개월 보냈다. 강력한 부르심 앞에서 "그게 무슨 뜻입니까? 어디서 어떻게 하라고 하시는 것입니까?" 하고 하나님께 계속 물었다. 그러다가 자연스럽게 가장 합리적인 생각을 하게 되었다. '내가 하는 일이 모두 좋은 교회를 세우는 일이 아닌가? 그렇다면 더 좋은 목사가 되기 위해서 공부하고 미래

를 준비하는 일 자체가 좋은 교회를 세우는 일이겠지.' 그러나 주님
은 이 생각을 받아 주시지 않는 것 같았다.

그다음으로 내 생각은 이렇게 이어졌다. 나는 보스턴대학교에
서 박사과정을 하고 있었는데, 그 지역에 한국 유학생들이 꽤 많이
있었다. '후에 이들이 한국에서 지도자적인 역할들을 하게 될 텐데,
이들을 말씀으로 잘 지도하는 것이 좋은 교회를 세우는 길이 아닐
까?' 유학을 위해 기도할 때부터 내 마음속에는 한국 교회와 한국
목회를 생각하고 있었기에 한국 중심의 생각을 할 수밖에 없었다.

이런 마음으로 수업이 끝나고 시간이 남을 때면 종종 여기저기
둘러보면서 멋있어 보이는 예배당이 있으면 가 보곤 했다. 혹시 하
나님이 기뻐하시는 길을 열어 주시거나 연결시켜 주시지 않을까 하
는 기대를 갖고 기도하면서 말이다. 그러나 두세 달이 지나도록 아
무런 응답도 길도 열리지 않았다.

그러던 중 유학 중이던 친구 목사로부터 연락이 왔다. 뉴욕 롱
아일랜드라는 곳에 목회자를 찾는 교회가 있는데 내가 생각났다고
했다. 가 본 적도 없고 익숙치도 않은 곳이었지만 '낯선 주님의 음
성' 때문에 고민하고 기도하던 중이었기에 가 보지 않을 수가 없었
다. 가는 길을 물어물어 그 교회를 찾아갔다.

··· 몽둥이 대신 지팡이를 들어라

그들과의 첫 만남이 이루어진 것은 1991년 3월 사순절 기간이었다. "주님의 사랑과 십자가"라는 제목의 설교를 통해 예배를 인도하였다. 예배 후에 서로 인사를 나누는 기회가 있었다. 바로 앞에 앉은 교인의 첫 인사를 들으며 충격을 받았다.

"우리는 목자의 지팡이와 막대기로 보호받고 인도함받은 것이 아니라, 목사의 몽둥이에 얻어 맞고 살았습니다."

그때 내 나이가 서른여섯이었다. 나는 어떤 말도 할 수가 없었다. 처음에는 '아무리 젊어도 목사에게 하는 첫 인사가 이럴 수가 있을까?' 하는 생각에 참으로 당혹스러웠다. 이민자들이 거칠다는 이야기는 들은 바가 있지만 바로 내 앞에서 험한 말을 들으니 부담으로 다가왔다. '만만치 않구나'가 내 솔직한 첫 느낌이었다.

한 분 한 분 그들의 삶에 대한 이야기를 들었다. 그러자 마음속에 깨달음과 확신이 생겨났다. '좋은 교회를 세우라'는 주님의 부르심이 이해가 되었다. 내 마음속에 중요한 울림이 있었다.

"목사에게 상처받은 영혼들을 목사가 치유해 주어라."

그곳 교인들이 겪어 온 지난 날의 아픔이 절절히 느껴졌다. 놀랍게도 그들에게 가장 큰 고통은 일터에서 겪은 일들이 아니라 교회에서 받은 아픔과 상처였다.

나는 그 자리에서 이렇게 이야기했다.

"제가 한 달 후에 이곳에 장로교회를 세우겠습니다. 함께하시겠습니까?”

　　지금까지 그들은 침례교의 이름으로 교회생활을 해 왔었다고 한다. 그렇지만 그들 모두는 기뻐하며 함께 동참할 것을 약속해 주었다. 이렇게 세운 교회가 롱아일랜드 연합장로교회였고, 그때가 1991년 4월 28일이었다. 미국에서의 내 첫 목회는 ‘목자의 지팡이와 막대기’가 아니라 ‘목사의 몽둥이’로부터 시작된 셈이다. 목사에게 들려진 지팡이는 철저히 목양을 위한 것일 뿐, 결코 몽둥이가 되어서는 안 된다. 이것이 주님의 뜻이다.

> 그들이 조반 먹은 후에 예수께서 시몬 베드로에게 이르시되 요한의
> 아들 시몬아 네가 이 사람들보다 나를 더 사랑하느냐 하시니 이르되
> 주님 그러하나이다 내가 주님을 사랑하는 줄 주님께서 아시나이다
> 이르시되 내 어린 양을 먹이라 하시고 °요 21:15

　　나는 어려서부터 아버지로부터 “목사는 교회나 교인들에게 짐을 지우면 안 된다”는 것을 철저하게 교육받아 왔기 때문에, 여기에만큼은 확고한 마음이 있었다. 오죽하면 평생 생일을 크리스마스와 같은 12월 25일로 보냈겠는가. 우리 집안에 흐르는 목회자의 정신은 ‘교회 우선’이다. 주님을 사랑한다면 주님의 양을 잘 먹이고 돌보라는 것이 부르심의 의미이기 때문이다.

좋은 교회를 세우라는 주님의 부르심을 따라 1991년 4월 28일 주일에 사이오셋에 위치한 미국의 한 교회에서 '롱아일랜드 연합장로교회'란 이름의 교회를 창립했다. 비록 첫 목회, 그것도 이민 지역에서의 목회였지만 주님은 넘치게 축복해 주셨다. 처음부터 주님이 이끄시고 인도하셨던 목회였기 때문이라고 믿는다. 매 주일 새로운 교우들이 찾아왔고 새 가족을 맞이하는 기쁨이 가득 넘쳤다.

이후 헌팅턴 소재 성베드로루터교회(St. Peter's Lutheran Church)로 이전했다가, 교회 개척 5년 만에 롱아일랜드의 베스페이지 지역에 새로운 예배당을 구입할 수 있게 하셨다. 1998년에는 교회 이름을 '아름다운교회'로 개명했다. 이 모든 일을 이루신 분은 주님이셨다. 모든 과정이 아름답게 이루어졌다. 2003년 우리 교회는 성전으로써 정식 허락을 받았다. 1991년 3월부터 2003년 6월까지 12년 반의 아름다운교회 목회는 그 자체가 너무나 아름다웠다.

내가 고백할 수 있는 것은, 내 계획과 관계없이 주님이 원하신다는 사실이 분명해질 때는 무조건 순종했다는 것이다. 그리고 주님의 부르심에 순종하는 목회는 주님이 친히 인도하시고 축복하신다는 사실이다.

좋은 교회를 세우라는 말씀은 단지 이민 교회만을 의미하지는 않는다고 믿는다. 주님 따라 섬기는 모든 목회의 기회에서 언제나 좋은 교회를 세우기 위해서 힘써야 한다.

Chapter 09

이민의 땅에서
기적을 보았습니다

: 아름다운교회 개척 이야기

··· 성전을 향한 소망이 생기다

처음 목회를 시작하고 오랫동안 새로운 성전을 짓지 않는 것이 좋겠다고 생각했다. 이민자들의 삶을 생각할 때 성전 건축은 너무나 많은 희생이 요구되기 때문이었다. 거기다 지난날 크게 성장했던 수많은 미국 교회가 쇠퇴기를 맞으면서 성전을 유지하는 것도 쉽지 않은 사례를 많이 지켜봤기 때문이다.

저들의 교회도 하나님 보실 때 모두 주님의 교회이며, 이미 수많은 미국 교인의 눈물과 기도와 희생으로 세워진 성전들 아닌가. 그곳을 계속 하나님을 예배하는 성전으로 사용하는 것이 옳다고 생각했다.

1991년 4월 처음 개척한 롱아일랜드 연합장로교회는 원래부터 사용하고 있던 작은 미국 교회 건물에서 시작했다. 개척을 시작하자마자 더 큰 예배당으로 이전하자는 제안을 내놓았다. 몇 명 되지 않는 교우들은 의아해했다. 현재 건물 사용에 아무 어려움이 없는데 왜 더 큰 예배당을 찾자고 하는지 충분히 이해하지는 못했지만 따라 주었다.

초창기에 더 큰 교회를 구하자고 제안했던 이유는 우선, 기도 중에 하나님의 부르심에 순종하여 세운 교회이기에 하나님이 분명 축복해 주신다는 믿음이 있었기 때문이다. 교우들이 제법 늘어난 상태에서는 미국 교회를 빌리는 일이 더 어려워지기 때문이다. 더 성장하기 전에 넓은 예배당을 빌려 사용할 필요가 있다고 생각했다.

또 한 가지 이유는, 세를 살아도 기왕에 부잣집에서 사는 편이 더 좋지 않겠는가. 공간적으로 여유가 있으면 활용가치가 더 크다. 크고 좋은 예배당을 사용할 수 있으면 환경과 여건에 따른 여러 가지 혜택이 있을 것이고, 특별히 2세들 교육에 큰 도움이 될 것이기 때문이다.

교우들에게 동네별로 각자의 지역을 나누어 드리고 그 지역 내에서 이런 교회를 찾아 달라 부탁했다. 필요한 조건은 주차장이 넓은 교회, 체육관이 있는 교회였다. 그렇게 처음으로 찾은 예배당이 성베드로루터교회였다. 원하는 조건을 다 갖춘 예배당이었다. 주차장도 넓고 체육관도 있고 예배당도 크고 환경이 조용했다. 그 교회는 기꺼이 한인 이민 교회를 받아 주었다.

그들은 우리에게 오직 한 가지 조건만을 요구했다. '한글 간판을 붙이지 말라'는 것이었다. 교회 주변은 주택으로 사면이 둘러싸여 있었다. 길에서는 예배당이 전혀 보이질 않는 위치였다. 거기다 간판을 붙이지 못하는 바람에 교회를 찾아오려면 한 두 번쯤은 찾아 헤매다가 돌아가는 일들이 비일비재했다. 하지만 이곳에서도 주님은 목회를 축복해 주셔서 교회는 꾸준히 성장해 갔다.

따로 우리의 예배당을 가질 필요가 없다던 생각이 바뀌기 시작한 것이 바로 성베드로루터교회에서였다. 미국 교회는 따뜻했고 우리를 많이 배려해 주었다. 하지만 이 미국 교회 역시 제법 큰 교회로, 주중에는 학교를 운영하고 있었기 때문에 주일에 공간을 함께 사용하는 것이 점차적으로 문제가 되었다.

월요일 아침이 되면 긴장감과 스트레스 지수가 올라갔다. 여기 저기서 전화가 많이 왔다. 물건이 종종 분실되는가 하면, 원래 자리에 있지 않는다는 이유였다. 이 갈등을 줄이기 위해서 주일에 이루어지는 기독교 교육은 점점 소극적으로 바뀔 수밖에 없었다. 아이들에게 '건드리지 말아라' '뛰지 말아라' '낙서하지 말아라'하고 말하는 횟수가 늘어났다. 교회 교육에서 가장 많이 하는 말이 이런 말이라니, 너무 안타까웠다. 무엇보다도 안타까운 것은 우리 아이들의 그림이나 글들을 하나도 벽에 붙일 수가 없었다. 어른들보다도 2세 자녀들을 잘 키우기를 원하는 것이 어른들의 마음인데 현실은 점점 바람과는 다르게 진행되고 있었다.

이런 모습을 보면서 하나님께 기도하기 시작했다.

"주님, 새로운 땅에서 자라나는 우리 아이들을 기독교의 신앙으로 키우고 싶습니다. 이 아이들을 마음껏 교육할 수 있는 공간을 허락해 주십시오."

날마다 교육부가 자라갈 때마다 이 기도가 더 간절해져 갔다. 이제는 교인들도 자녀들도 숫자가 많이 늘어서 다른 미국 교회를 빌려 사용하기는 어려웠다. 자연스럽게 "우리의 교회를 주십시오"라는 기도가 간절해져 갔다.

실제로 이민자들 대부분은 우리 자신보다는 자녀들을 위해서 이민을 택했다고 이야기한다. 하지만 현실은 자녀들과 언어도 문화도 서로 달라서 가정 내에서도 잘 소통하고 가르치는 것이 쉽지 않아진다. 더욱이 신앙교육을 잘 시키는 것은 더욱더 어렵다. 왜냐하면 한국과 미국, 두 나라의 언어와 문화를 다 이해하고 구사하는 교사나 교역자를 찾는 일도 매우 어렵기 때문이다. 자녀들을 믿음으로 키워 내지 못한다면 새로운 땅에서 잘 먹고 살게 된다 하더라도 그 삶이 성공이라고 할 수는 없다. 교회 교육이 절실하게 중요하게 여겨지는 이유이다.

이민자들에게 가장 하기 어렵고 해서는 안 되는 이야기 중 하나가 바로 '우리 교회 건축합시다'이다. 새로운 땅에 정착하고 살아가는 것 자체도 버겁기에 교회에서 성전을 짓자고 하면 당연히 많은 부담을 가질 수밖에 없다. 한 사람 한 사람 전도하기도 어려운데 무거운 과제를 앞에 던져 놓을 수는 없는 일이다.

목사로서 나홀로 성전을 위해서 기도하는 시간이 길어졌다. 분명 우리와 다음세대를 위해서 우리만의 성전이 필요했지만, 드러내 이야기할 수 없으니 기도가 더욱 간절해질 수밖에 없었다.

성전 건축은 철저히 하나님이 하락하시고 이루어 주셔야 하는 일이다. 미래의 성전을 위해서 기도하는 중에 그 기도는 다음의 네 가지 기도로 점점 집약되어 갔다.

첫째, 하나님의 때에 하나님의 방법으로 하나님이 성전을 주십시오.

둘째, 하나님이 허락하시면 땅을 사서 새롭게 짓지 않게 해주십시오. 새롭게 땅을 사서 짓는 것은 이민자들에게 너무나 무거운 일이 될까 두렵습니다.

셋째, 예배당을 구입했다가 팔고 또 다시 마련해야 하는 일이 생기지 않도록 처음부터 넓은 땅과 예배당, 넓은 주차장을 주십시오.

넷째, 모두가 이민자로 일주일 내내 힘들게 살아가고 있으니 주일예배 드리러 올 때에는 새 소리를 들으면서 오게 해주십시오. 육신과 영혼이 모두 안식할 수 있는 환경을 주십시오.

지금 생각해도 지나치게 야무진 기도였다. 이민자들이 꿈꾸기에는 불가능해 보이는 요구사항들이 담긴 기도이기 때문이다. 하지만 놀라운 사실은 이 네 가지 기도를 주님은 정확하게 그대로 들어주셨다. 하나님의 역사가 아니고서는 결코 이룰 수 없는 여건이었다.

··· 하나님의 때, 하나님의 방법

성베드로루터교회에서 교회가 자라 가고 있을 때 건물위원회를 두었다. 왜냐하면 미국 교회와 원활하게 소통하면서 건물 사용의 어려움이 없어야 하고, 나아가서는 이민자들을 품어 주는 미국 교회를 돕기 위해서였다. 이 교회도 큰 건물을 가지고 있었기에 큰 규모의 수리나 프로젝트들이 종종 있었다. 도움만 받는 입장이기보다는 필요할 때 도움을 주는 것이 중요하다고 생각해서 적극적으로 도왔다.

이 건물위원회 회원들에게만 언제일지는 알 수 없지만 장차 우리도 우리의 예배당을 가져야 하는 때가 온다면 이 위원회가 중요한 역할을 해주면 좋겠다고 부탁했다.

그러던 어느 날, 위원 중 한 분 집사님으로부터 연락을 받았다. 사업을 크게 하고 있는 집사님이었다. 사업 확장을 위해서 큰 건물을 찾는 중에 멀지 않은 곳에 교회가 쓰면 좋을 듯한 건물이 하나 매물로 나온 걸 발견했다면서 한번 보겠는지 물었다.

당연히 가 보고 싶었다. 벌써 교회를 위하여 나 홀로 기도한 지 수년이 되었기도 했고, 하나님의 때가 되었는지 나로서는 잘 알 수 없었기 때문이었다. 그래서 집사님을 따라나섰다. 그런데 그 건물은 안으로 들어가 볼 수가 없는 상태였다. 미국에서 비행기나 우주선을 만드는 구르만(Grumann)이라는 군수산업체의 여러 건물 중 하나였는데, 미리 허락받지 않으면 들어갈 수가 없는 곳이었다.

다만 멀리서 그 건물을 바라보았다. 마치 하나님이 그 건물에 빛을 조명해 주시는 것 같았다. 건물을 보는 순간 '이 건물이다!' 라는 확신이 들었다. 아직 들어가 보지도 못한 건물이지만 집사님에게 "이 건물 꼭 우리가 구입해야 합니다"라고 말했다.

이렇게 해서 이민자들의 성전, 영적인 내 집 마련이 시작되었다. 하지만 그 건물이 우리의 영적인 터전이 되기까지 과정은 험난했다. 교회에 이제는 우리의 후손들을 위해라도 우리의 예배당을 마련해야 할 때가 되었다고 설명하고, 다 같이 이 건물을 방문해 보기로 했다.

막상 건물 안으로 들어가 보니 규모가 어마어마하게 컸다. 약 2만1,000평 대지에 1,880평 건평의 건물이다. 주변에는 주말에 사용하지 않는 주차장이 있었는데, 차량 2천 대를 수용할 수 있는 곳이었다. 그뿐만 아니라 바로 옆에는 공원이 붙어 있어서 너무나 조용하고 푸르렀다. 기도하던 대로 새소리를 들으며 예배드리러 올 수 있는 아름다운 땅이었다.

너무나 놀랍고 감사했다. 하나님이 어쩌면 이렇게 정확하게 모든 기도에 응답하셨는지 놀라울 정도였다. 분명 하나님이 이 모든 일들을 기뻐하셨다는 의미이다.

건물에 함께 가 본 교우들은 우리의 예배당을 가지게 될지 모른다는 흥분과 기쁨도 있지만, 동시에 이렇게 큰 건물을 어떻게 구입하려고 이러나 의아해하기도 했다. 나중에 들은 이야기지만, 교우들이 "우리 목사님은 체구는 아담하신 양반이 왜 이렇게 스케일이 크냐"면서 수근거렸다고 한다.

가장 현실적인 문제는 역시 자금이다. 건축위원회가 아무리 의논해도 해결 방안이 나오지 않았다. 그럴 수밖에 없었다. 인간적인 방법으로는 감당키 어려운 수준이었기 때문이다.

당시는 미국의 부동산 가격이 하락하고 더욱이 냉전 시대가 끝이 난 때여서 군수산업이 하향길에 들어섰을 때이기에 건물 가격이 평소와 비교한다면 너무나 좋은 조건이었다. 그런데도 이민자들의 재력으로는 감당하기 어려운 규모였다.

나는 당회와 건축위원회 앞에 "이 문제는 저에게 맡겨 주십시오" 하고 말했다. 회의로 나올 수 있는 방안은 없었기 때문이다. 이제는 목회적으로 해결하는 길밖에 없다. 나도 더 열심히 기도하며 하나님께 매달렸다.

나는 아브라함이 사라가 세상을 떠나고 헷 족속들에게서 막벨라 굴의 땅을 사는 말씀을 통해 교우들에게 간곡히 부탁했다. 헷 족속은 아브라함에게 그 땅을 빌려 쓰라고 말하지만, 아브라함은 그들의 호의를 거부한다. 굳이 돈을 주고 사겠다고, 나에게 팔라고 간청한다. 헷 족속의 왕은 아브라함을 포기시킬 심산으로 시세보다 비싼 값을 제안하지만, 아브라함은 두 말도 않고 그 땅을 은 사백 세겔을 주고 구입한다. 그리고 그 자리에 자신도 묻힌다. 그곳이 후에 이스라엘에게는 약속의 땅, 가나안 땅이 되지 않던가.

감사하게도 내가 막벨라 굴의 꿈을 교우들과 나눌 때, 교우들

중에 열다섯 명이 은행 융자를 위한 보증을 서겠다고 나서 주었다. 그중 서너 분은 보증 설 만큼의 신용이 없었다. 그럼에도 교우들이 서로 마음을 다해 하나의 비전을 바라보며 열심을 내 주는 모습이 아름다웠다. 은행과 약속된 날 아침에 건축위원장 장로님, 건축 위원 두 분과 십여 명의 보증 서류를 만들어 은행으로 향했다. 차를 타고 은행에 가는 길에 내 눈에는 눈물이 흘렀다. 하나님의 놀라운 은혜에 감사드리고 교우들의 아름다운 헌신이 너무나 감사했다.

아내는 건축헌금을 하기 위해 네일아트 숍에서 일을 하기도 했다. 그 어떤 일도 힘들거나 부끄럽지 않았다. 하나님이 주시는 아름다운 성전을 마련하는 일이었기 때문이다.

특별히 아름다운교회는 미국 장로교에 소속된 교회였다. 노회에서 허락을 받으면 미국 장로교의 보증으로 은행보다 낮은 이자로 융자를 받을 수 있었다. 200여 교회가 소속된 롱아일랜드 노회에 가서 노회원들을 설득했다.

우리가 구입하려는 건물은 특별히 역사적인 건물이었다. 예배당으로 구입하는 건물 중에는 비행기 격납고도 있었는데, 그 자리가 바로 1969년 인류가 달에 최초로 착륙했던 아폴로 11호 우주선 달나라 착륙선의 진동 테스트를 했던 자리였다. 이 사실을 언급하며 미국과 인류에게 새로운 도약을 이루었던 이 건물에서 새로운 땅에 정착하는 한국 이민자들이 새롭게 출발하고 미국 장로교 내에서 한인 교회들이 선교적으로 새로운 협력 관계를 만들어 갈 것임이라고 역설했다.

노회원 전원의 박수와 함께 교단 융자 건도 통과되었다. 이렇게 우리만의 힘으로 이룰 수 없던 물질 문제가 해결되었다. 주님의 놀라운 은혜가 함께하셨다.

··· 막힌 담을 허무시다

자금이 준비되어도 성전 구입 문제는 해결되지 않았다. 그 지역 시의회에서 교회로 허락을 받는 공청회가 통과되어야 하는 법적인 단계가 남아 있었다. 이 법적인 과정을 통과하지 못하면 건물 구입은 불가능했다.

그러므로 건물의 주인인 구르만 측과의 계약에 두 가지 조건을 넣어 두었다. 교회의 공동의회의 통과의 조건과 시에서의 허가 조건을 넣었다. 덜렁 건물을 무리해서 샀는데 교회로 쓸 수 없는 여건이 된다면 크게 소용돌이가 칠 수도 있기 때문이다. 어떤 경우에도 교회가 이 문제로 혼란해져서는 안 되었다.

정말 어려운 문제는 그 지역 정치인이 나서서 건물이 교회 용도로 팔려 나가는 것을 반대했다. 전통적인 백인 지역 큰 건물에 한국인 이민자 교회가 들어온다고 하니 그 지역 주민들이 기뻐할 리 없었다. 이러한 주민들의 마음을 읽고 그 정치인이 직접 나서서 반대하기 시작했다. 건물 구입 계약을 1996년 10월 5일에 했지만, 시에서의 공청회는 1998년 4월에 가서야 이루어졌다. 건물 구입이 완료되려면 공청회를 통과해야 하는데, 그 정치인이 공청회 자체를 잡지 못하도록 압력을 가하고 있다는 의심이 들었다.

실제로 큰 건물을 팔기로 내놓았을 때 공청회가 잡히지 않아 거래가 진행되지 못한다면 대부분 계약은 갱신되지 못하고 끝이 난다. 하지만 놀랍게도 건물주인 그루만이 매번 계약을 연장해 주면서 긴 시간을 기다려 주었다. 이것 또한 기적이었다.

건물을 구입하기로 했을 때 시의 담당관과도 의논하며 교회로 사용하기 위한 허가를 받을 수 있도록 도면을 만들고 제출했다. 지금의 정원들을 주차장으로 만들지 말고 오히려 더 잘 가꾸어 달라고 했고, 주일이면 옆에 있는 건물의 넓은 주차장들이 다 비어 있게 되니 그것을 빌려서 사용하기로 했다. 그 계획과 함께 옆 건물인 브라이어클리프 단과대학 학장과 협의하여 주차장 사용에 관하여 약속을 받았다. 하지만 공청회 직전에 갑자기 그 대학 학장이 주차장 대여를 못해 주겠다고 연락해 왔다. 정치인으로부터의 압박이라고밖에 설명할 수 없는 일이 계속되었다.

우여곡절 끝에 공청회가 열렸다. 우리 교회 건 앞에 다른 안건 심의가 길어지고 있었는데, 그 타운의 변호사가 우리 교회 변호사를 보자고 했다. 만나고 온 우리 변호사는 상당히 당황스러워했다. 타운 변호사의 말은, 오늘 공청회를 진행하면 허가를 받지 못하게 된다는 조언이었다. 왜냐하면 시에서 허가를 반대하는 법적 근거가

확실하다는 것이다.

우리가 구입한 건물은 그루만이라는 엄청나게 큰 회사의 수많은 건물 중 하나를 사는 것이기에 도로는 너무나 다 잘 되어 있었는데, 개인회사의 도로인 것이 문제가 되었다. 법적으로 공공도로가 연결되어 있지 않는 건물을 팔 수 없다는 이유였다. 얼마나 열심히 기도해서 잡은 공청회인데, 앞이 깜깜해졌다. 우리 팀은 연기할지 그대로 진행할지 결단을 내려야 하는 상황 앞에 마음이 답답해졌다.

모두 불안한 마음으로 그 시 청사 앞에 있는 한 식당에 들어갔다. 그런데 놀라운 장면을 목격했다. 우리를 도와주는 것처럼 조언해 주었던 타운 변호사와 우리를 반대하는 지역 정치인이 구석에서 마주보고 앉아 점심식사를 하고 있었다. 순간 이 모든 것이 하나님이 하신 일이라 생각했다. 왜 하필 그 순간 그 모습을 보게 하셨을까? 그 모습을 보는 순간 결단했다. 타운에서까지 우리를 돕지 않고 지역 정치인 편을 드는 상황이라니, 만약 공청회를 연기하면 앞으로 두 번 다시 기회가 없을 거라는 확신이 들었다.

나와 건축위원장 장로님은 우리 편 변호사에게 단호하게 "공청회는 연기하지 않겠습니다. 오늘 그대로 가겠습니다"라고 말했다. 우리는 준비한 것 그대로 발표하라고 지시했다.

오후 시간에 우리 교회 안건 공청회가 시작되었다. 정치인과 함께 나온 많은 지역 주민은 여러 가지를 이유로 들어 반대 의견을 표했다. '교통량이 많아진다' '범죄율이 높아진다' '세금 수입이 줄어든다' 등 많은 의견을 냈지만, 그것들은 그들이 바라는 것일 뿐 법적인 정당성을 얻지 못했다.

상황이 불리해지자 드디어 지역 정치인이 직접 나섰다. 아니나 다를까 이미 타운 변호사가 제시했던 문제를 꺼내서 반대했다. 공공도로가 연결되지 않은 건물은 매매할 수 없다는 법 조항을 내놓았다. '올 것이 왔구나' 생각했다. 물론 이 의견을 꺾을 만한 어떤 대안도 우리에게는 없었다. 그래서 다소 의기소침하던 차에 놀라운 반전이 일어났다. 뜻밖에 시의원 하나가 지역 정치인의 의견에 대하여 반론을 제기했다.

"당신이 제시한 것은 맞는 말이지만 공공도로에 관한 사항은 우리 타운에서 결정할 수 있는 일이 아니기에 그 법조항을 전제로 여기서 판단할 수는 없는 사항입니다."

할렐루야! 하나님이 역시 놀라운 일을 준비하셨다. 우리로서는 아무런 방어를 할 수 없이 당할 수밖에 없는 상황이었지만 오히려 같은 당의 같은 정치인에 의해서 그 논리가 무너지고 말았다.

그것으로 공청회는 끝이 났다. 교회가 이긴 것이다. 우리의 제안을 반대할 수 있는 법적인 요건을 제시하지 못했기 때문이다. 공청회가 끝나고 그 지역 정치인에게 다가가서 웃으며 악수를 청했다. 앞으로 잘 지내자는 뜻이었다. 하지만 놀랍게도 그 정치인은 악수를 거부하고 "내가 끝까지 반대할 것이며 허가를 받지 못하게 만들 것이다"라고 선언했다.

공청회는 끝이 났고 우리가 이겼지만, 교회로서의 건축 허가는 나오지 않았다. 변호사를 통해서 타운에 연락해 보니 오히려 타운에서 그 정치인의 마음을 좀 누그러뜨려 달라고 요청했다. 그렇다면 마땅히 노력해야겠다고 생각하고 만남을 요청했다.

하지만 정치인은 만남도 거부하고 지역 도서관에서 주민들을 모아 반대하는 모임을 이어 갔다. 아무래도 쉽지 않을 것 같아서 마지막 시도를 했다. 하나님이 주시는 지혜를 따라, 우리는 그 지역 정치인에게 이런 말을 전했다.

"우리 교회를 한국인들만의 교회라고 생각하신 것 같은데, 사실 우리는 이 지역 롱아일랜드 노회에 소속되어 있습니다. 그리고 이 건물 구입을 노회에서 정식으로 허락받고 진행했지요. 노회 내에 200여 개의 교회가 있는데, 여전히 허가를 내 주지 않으면 당신이 지금 우리에게 하고 있는 일들을 그들 모두에게 알리겠습니다."

정치인은 이렇게 답했다.

"나는 정치인으로 이런 말에 꿈쩍도 하지 않습니다. 허가 받을 생각하지 마십시오."

그런데 3일쯤 후에 타운에서 연락이 왔다. 허가를 내 주겠다는 것이다. 이 역시 하나님이 멋지게 하신 일이 아닌가? 추측하건대, 아마 그 정치인은 내 말이 사실인지 알아봤을 것 같다. 그리고 그 말이 사실로 확인되자 꼬리를 내린 것이리라. 인간적인 것보다 하나님의 일이기에 너무나 통쾌했다. 하나님이 기뻐하시면 그 누구도 막을 수 없다!

기적적으로 마련한 뉴욕 아일랜드 소재 아름다운교회는 미국 내에서도 그만한 여건의 교회 건물을 찾아보기 어려운 정도로 크고 아름답고 멋진 곳에 자리하고 있으며 이민 교회로는 대형교회로 잘 성장해 나가고 있다. 특별히 젊은이들과 2세 자녀들이 크게 성장하고 있다.

··· 아름다운 거리 만들기

크고 아름다운 성전을 장만한 교우들은 놀라우신 하나님의 은혜를 체험하며 기쁨으로 찬양하며 감사의 입당예배를 드렸다. 그때 우리가 나누었던 작은 꿈은 공공도로가 아닌 개인도로여서 문제가 되었던 교회 앞 거리 이름을 앞으로 '아름다운 거리(Arumdaun Street)'로 만들자는 것이었다.

이 꿈이 이루어진 것은 내가 그 교회를 사임하고 나성영락교회로 부임한 후였다. 후임 목사님 중심으로 이 귀한 일을 이루어 냈다. 들으니 그렇게 우리 교회 허가를 반대하던 그 정치인이 아름다운 거리로 이름을 정하는 일에 적극적으로 협력해 주었다고 했다. 얼마나 놀랍고 감사한 일인가.

2008년 6월 1일 이 아름다운 거리(Arumdaun Street) 명명식이 열렸

다. 표지판에는 '아름다운'이라는 한글이 소리 나는 대로 영문으로
표기됐다. 한국의 여러 언론에서도 이 내용을 다룰 만큼, 교계에 큰
화제거리였다.

Chapter **10**...

지나 보니
아름다운 목회였습니다

하나님의 부르심에 응답하여 1981년에 장로회 신학대학원에 들어가게 되었다. 이러한 부르심에 응답하는 과정에서 하나님께 헌신을 약속했다. '이제부터 제 삶은 주님의 것입니다. 주님 기뻐하시는 뜻대로만 살겠습니다.' 주님이 부르신 대로 응답하며 살았는데 주님은 35년간 세 교회를 섬길 수 있도록 이끌어 주셨다.

'하나님이 부르시면 응답하겠습니다'라는 삶의 원칙을 정하였기에 일생 동안 이력서를 제출하고 면접에 참여한 적이 한 번도 없었다. 이 사실 자체도 나는 너무나 감사하다. 이력서를 내고 심사의 과정을 밟아 담임목사로 선정되는 것 자체를 부정하거나 그것이 하나님의 뜻과 관계없다고 말하는 것이 아니다. 하지만 최소한 내 경우 그러한 절차보다 하나님이 말씀해 주시고 이끌어 주셔서 그 길로 갈 수 있었다는 것이 너무나 감사한 일이라는 뜻이다.

아무래도 하나님의 음성이나 뜻이 아니라 인간적인 절차를 통하여 미래를 결정할 때 보다 더 인간적인 요소들이 개입될 가능성이 높아지기 때문이다.

'내 종이 되어라'는 부르심을 받았을 때 주님 앞에 아멘으로 응답하면서 이런 고백을 했다. '이제 제 삶은 주님의 것입니다. 주님이 제 앞길을 친히 인도해 주십시오.'

그 기도를 드린 후에 미래에 대해서 걱정하지 않았다. 가라 하시면 가고 오라 하시면 오는 삶이 시작되었기 때문이다. 목사로서의 내 삶을 돌아볼 때 35년 동안 세 개의 교회를 섬겼는데 이것이 내 인생에서 최선이었다는 사실이다. 내가 선택한 것이 아니라 주님이 선택해 주신 인생이었음을 감사한다.

··· 가족과 같았던 아름다운교회

개척 목회의 큰 장점은 목사가 모든 교우를 영접하고 심방한다는 점이다. 그들 가정과 사업장을 심방할 때 가정의 형편이나 기도 제목을 알게 된다. 심지어 키우는 강아지 이름까지 기억하게 된다. 이러한 점이 목회를 건강하게 만들고 행복하게 만들어 주는 가장 중요한 요인이다. 아름다운교회가 그러했다. 모두가 한 가족처럼 사랑하고 중보하고 힘을 모아 교회를 세워 갔다.

나중에 발견한 사실이 있다. 아름다운교회에서 사역하면서 교우 수가 천 명에 이를 만큼 성장할 때까지 장례식을 거의 집전하지 않았다는 사실이다. 12년 반의 아름다운교회 목회를 뒤로하고 주님의 부르심 따라 나성영락교회에 부임해 보니 연세가 높으신 교우들이 매우 많았다. 부임하자마자 첫 심방도 노인 아파트들이었다. 노인이 많이 계시던 교회였기에 장례식도 많이 집전했다.

부임하자마자 부지런히 장례식을 집전하면서 문득 떠오른 생각은 '아름다운교회에서는 왜 장례식 집전한 기억이 없지?'였다. 돌아보니 80대 중반이 넘으신 어르신 두 분 외에는 세상 떠난 이들이 생각나지 않았다. 당연히 아름다운교회 교우들도 중한 병에도 걸리고 사고를 당한 이들도 있었다. 하지만 거의 모두가 위기를 극복해 냈다. 한 교우가 암 치료를 받으면 주변에서 뜨겁게 중보기도를 드린다. 서로 내 가족 같은 마음으로 식사를 만들어 제공해 주고 아이들을 돌보아 준다. 심지어 일터까지도 서로 도와주며 어려움을 극복하게 했다. 이런 일들이 누가 시켜서 하는 것이 아니라 자연스러운 일이었다. 모두가 가족처럼 여겼기 때문이다.

개척교회의 또다른 큰 장점은 기도하며 세운 목회의 비전에 따라 교회가 세워져 간다는 것이다. 건강하지는 않지만 그대로 가지고 가야 하는 전통이나 관습들이 없기 때문이며, 모든 것을 처음부터 새롭게 세워 갈 수 있기 때문이다. 이것은 제도나 조직에 관한 것만이 아니라 개인이나 공동체의 영성도 해당한다. 변화나 성장을 방해하는 요소 없이 모든 것이 자유로웠다.

교회는 급성장해 나갔고, 교우들은 행복하고 건강했다. 따라서 교우들의 참여와 헌신도는 매우 높을 수 밖에 없었다. 예배나 봉사의 참가율도 매우 높았다. 서로서로가 한 지체처럼 가까운 것이 중요한 요인이다.

미국에서 두 교회를 20년 이상 목회하는 동안 늘 바자회를 열어서 지역 사회를 돕곤했다. 아름다운교회와 나성영락교회를 비교해 보면, 규모는 당연히 나성영락교회가 크지만 순수입은 아름다운교회가 높았다. 아마도 교우들의 바자회를 대하는 마음의 거리감이 달랐기 때문이라고 생각한다.

아무래도 교회 규모가 크다 보면 교회의 일이 내 일이기보다 많은 행사 중 하나라고 여기기 쉽다. 그러나 아름다운교회는 모든 교우가 바자회를 내 일이라고 생각하고 열심히 참여해 주었다. 내 일이라고 생각하니 재료비도 스스로 마련하고 남는 음식도 자신이 구입해 간다. 바자회에서 가장 많은 사람이 참여하고 또한 수익이 많이 나는 품목은 역시 먹거리이다. 이처럼 개척해서 성장한 교회는 내 교회 내 가족이라는 생각이 강하기에 더욱 행복한 신앙생활을 할 수 있게 된다.

아름다운교회는 자체 예배당도 빠른 시간 내에 마련하게 되었다. 자체 예배당을 마련하는 것은 교회로서 반드시 넘어야 하는 단계이지만, 이 단계를 이루는 것은 쉽지 않다. 왜냐하면 모두에게 무거운 헌신을 요구하기 때문이다. 이 쉽지 않은 일도 개척 후 5년 만에 크고 아름다운 예배당을 구입하고, 7년 만에 입당하게 되었다. 전적으로 하나님의 은혜다. 한 마음으로 헌신한 교우들을 사용하시고 축복하셨기 때문이다.

아름다운교회는 지금도 부흥하며 젊은이들과 다음세대들이 크게 왕성하는 교회로 세워져 가고 있다.

··· 하나님의 이끄심이 분명했던 나성영락교회

2003년 나성영락교회 3대 담임목사로 부임했다. 부임 과정은 개인적으로 쉽지 않았다. 하나님의 부르심을 따라 개척하여 든든하게 세운 교회를 떠난다는 것은 너무 어려운 일이었다. 인간적으로 볼 때 떠날 이유가 없기 때문이다.

나성영락교회에서 담임목사로 와 달라고 하는 신호는 부임 2년 전부터 있었다. 어느 날 LA에서 목회하고 있는 친구 목사가 전화를 했다. 당시 나성영락교회 차기 목사 이야기를 나누는데 내 이름이 나왔다고 알려 주었다. 아니나 다를까. 얼마 지나지 않아 나성영락교회에서 연락이 왔다. 청년부흥회를 인도해 달라고 했다. 이런 저런 핑계를 대고 가지 못하겠다고 사양했다. 그런데 1년 뒤에 또 연락이 왔다. 이번에는 교회 부흥회를 인도해 달라고 했다. 이번에도 역시 죄송하다고 양해를 구했다. 그 교회로 가려는 뜻이 없었기 때문이다. 더 정확히는 하나님이 원하시는 일이 아니라고 생각했다.

신학교에 들어가면서 '이제 제 삶은 주님의 것입니다'라고 헌신했기에 주님이 말씀하시기 전에는 움직일 뜻이 없었다. 거기다 아름다운교회는 주님이 좋은 교회를 세우라는 말씀에 순종하여 세운 교회였기에 주님이 말씀하시지 않는데 섬기는 교회를 옮긴다는 것은 옳지 않은 일이라고 생각했다.

두 번째 초청에도 양해를 구했더니 당시 박희민 목사께서 직접 전화를 주었다. 사실은 여러 가지 이유가 있어서 담임목사 후보로 부르는 것이니 와 달라고 했다. 그러나 내 대답은 한결같았다.

“그러시다면 더욱 저는 갈 수가 없습니다. 저는 주님이 세우라고 하신 이 교회에서 목회하려고 합니다.”

일주일쯤 지나서 또 다시 전화가 왔다. 나의 뜻을 알았으니 청빙과 아무 관계 없이 교회가 마련한 기도원 감사예배에만 와서 설교해 달라고 다시 부탁했다. 선배 목사가 두 번씩이나 직접 연락을 해 부탁하는 것을 거절하기가 쉽지 않았다. 그래서 청빙위원들도 만나지 않을 것이며 청빙과는 아무 관계없음을 재 확인하고 기도원 감사예배에 설교하고 돌아왔다.

그 뒤에 복잡한 일이 시작되었다. 장로님 몇 분이 청빙서를 들고 찾아왔다. 귀한 청빙에 응할 수 없음을 정중하게 편지로 답했다. 그런데 그 뒤로 일간 신문에 림형천 목사가 나성영락교회 후임 목사로 결정되었다는 기사가 두 번이나 났다. 이해할 수 없는 상황이었다. 처음에는 아름다운교회 교우들에게 잘못된 기사라고 잘 설명했지만, 두 번째 기사에는 설명을 해도 술렁임이 있었다.

그때 결단하고 이 문제만을 위해서 한 주간 기도하기 위하여 기도원에 들어갔다. 이해하기 어려운 상황 속에서 주님의 뜻이 무엇인지를 물어야만 했다. 사실 지금까지는 이 문제로 진지하게 주님께 기도하지 않았다. 왜냐하면 주님이 특별히 내게 주신 부르심이 없었기 때문이다. 이제 주님의 뜻을 묻기로 했다.

기도하기 시작한 지 사흘 째 주님은 환상을 통하여 응답을 주셨다. 주님이 다가오셨는데, 온 몸에 상처와 고름으로 고통하고 계셨다. 과연 이 것이 무슨 뜻인가? 이 환상의 의미를 생각하는 중에, 이 시대에 죽어 가는 수많은 교회가 떠올랐다. 지금까지도 교회를 개척함으로 좋은 교회를 세워야 한다는 뜻을 가지고 있었지만 이미 세워져서 소위 전통을 쌓아 가는 수많은 교회가 변화도 성장도 못하고 있는 현실이 나에게도 현실적으로 느껴졌다. 이 의미는 가장 대표적인 전통교회인 나성영락교회로 가라는 것이다.

주님의 응답이 내게 주어진 이상 더는 주저할 수 없다. 주님이 말씀하시면 순종하는 것이 내 길이기 때문이다. 기도원에서 바로 아름다운교회에 팩스로 여섯 장짜리 편지를 보냈다. 지금까지 아름다운교회를 세우게 된 주님의 부르심과 그 과정, 어떤 마음으로 교회를 섬겨 왔는지, 나성영락교회에서 부르신 과정과 내 응답, 그리고 주님의 응답 등을 소상히 기록했다.

주님의 뜻이 분명하다는 사실을 받아들일 수 밖에 없지만, 사랑하는 믿음의 공동체와 헤어져야 하는 것은 너무나 고통스럽고 힘든 일이었다.

편지를 받은 당회와 교인우은 너무나 힘들어했다. 성숙한 장로님들이 나서서 교우들을 위로하고 설득했다. 그렇게 나는 눈물로 아름다운교회와 헤어지고 나성영락교회에 부임하여 좋은 교회를 세우기 위한 노력을 새롭게 시작했다.

나성영락교회는 모든 이민 교회의 어머니 교회처럼 여겨지는 곳이다. 인원 수뿐만 아니라 지금까지 아무런 분열 없이 이민 사회에서 중심적인 역할을 하고 있는 교회이다. 부임하고 첫 당회를 들어가 보니 30명이 넘는 장로님이 회의실에 둘러 앉아 한 분 한 분 자신의 주장이나 의견을 내고 있었다. 이야기를 들어 보니 한밤중까지 회의할 때가 많았다고 한다.

내 마음에 걱정이 들어왔다. '어떻게 이 교회를 이끌어 가야 하나?' 싶어졌다. 단순히 회의를 잘 이끄는 것이 아니라, '모두가 주님의 뜻 앞에서 한 마음이 되기를' 고민하며 기도했다. 주님은 내 마음에 이런 질문으로 응답을 주셨다.

"누가 너를 여기에 보냈느냐?"

주님의 이 물음이면 충분했다. 주님이 나를 이곳에 보내셨다면 주님이 함께해 주시고 친히 주님의 뜻을 이루어 주심을 확신하게 되었다.

주님의 이 응답 이후에 두려움은 사라졌다. 주님이 새로운 일들을 이루신다는 확신이 생겼다. 하나님이 이루실 미래를 꿈꾸게 되었으며 긍정적인 기쁨으로 가득했다. 신실하신 주님은 그 이후로 나성영락교회의 목회에 놀라운 은혜를 베풀어 주셨다.

주님이 여러 가지 면에서 목회를 축복해 주심으로 나성영락교회는 이민 교회의 모교회로서 지역 사회에 많은 사랑을 베풀 수 있었다. 이민사회를 사랑으로 엮어 교회된 사명을 감당하기 위해서 지속적인 노력을 기울였다. 믿지 않는 이들이 많이 늘어나면서 세

례를 많이 베푸는 교회가 되었다. 나성영락교회의 젊은이들과 젊은
부부들이 크게 부흥했다.

2012년 3월에 잠실교회에 2대 목사로 부임하고 현재까지 섬겨
왔다. 그리고 은퇴를 앞두고 있다.

내 인생의 최선은 곧 하나님의 뜻대로 사는 것이다. 신앙인으로
서의 진정한 인생 성공은 세상의 성공 기준과는 아무 관계가 없다.
나는 베드로도 아니요 바울도 아니다. 그저 나를 향하신 하나님의
뜻과 계획이 있음을 확신한다. 그러므로 내 인생의 성공은 바로 그
하나님의 뜻에 순종하며 그 뜻을 이루며 살아가는 삶이다.

은퇴를 앞두고 있는 내 삶과 목회를 돌아볼 때 아쉬움은 있을지
라도 후회는 없다. 아쉬움이란 더 열심히, 더 신실하게 섬기지 못한
것뿐이다. 그러나 하나님이 이끌어 오신 내 인생 여정은 그 자체가
은혜다.

목회를 마무리하며 고백할 수 있는 것은, 하나님의 뜻을 추구하
며 최선을 다하는 목회는 하나님이 반드시 축복하신다는 것이다.

●
목회는
프랜드십으로
해야 합니다

▲
영혼 구원의
감격이 있는
교회입니까

▲
목사란
누구입니까

●
약한 이민 교회를
함께
세워 갑니다

사랑을 먹이다

●

목회에
지혜가
필요합니다

▲

코로나,
위기를
딛고 서다

●

사랑을
미루지 마십시오

Chapter 11...

목사란
누구입니까

설교가 무엇인지, 설교자의 역할은 무엇인지 깊이 생각해 보게 된 계기가 있었다. 1983년 신학교를 졸업하고 처음으로 전임 사역으로 나선 곳은 숭의여자중학교 교목 자리였다. 당시엔 개척이나 원목, 교목 등 단독 목회를 해야 목사 안수를 주던 때였다. 신학교를 졸업하면서 어떤 전임 사역을 할지 기도하면서 정해야 했다. 그당시에는 지방으로 내려가 교회를 개척하는 일들이 많았다.

한국 교회 부흥의 시기를 이끌었던 숭의여자중학교는 전통적으로 기독교 학교이지만, 당시 학생들은 뽑기로 학교를 배정받았기에 학생 대부분이 일주일에 한 번씩 열리는 예배나 성경공부를 반대했다. 막상 부임하고 예배에 들어가 보고 그 분위기에 충격을 받았다.

예배는 숭의음악당에서 드렸다. 서울에서도 많은 인원을 수용할 수 있는, 손꼽히는 공연장이었다. 지붕도 높고 조명도 어두운 강당에서 예배를 드리는데, 2천여 명이 넘는 학생이 하나같이 예배를 반대하거나 불만을 갖고 있었으니, 예배 분위기는 생전 경험해 보지 못했을 정도로 어수선했다.

학생들은 자기들끼리 킥킥거리거나 시끄럽게 이야기하고 있고 교사들은 모두 몽둥이를 들고 왔다 갔다 하고 있었다. 말을 듣지 않고 계속 떠드는 아이들은 자리에서 불려 나와 강당 벽에서 손들고 벌을 받고 있었다. '이건 예배가 아니다' '이렇게 계속 예배를 드릴 수는 없다'는 생각이 간절하게 들었다.

곧바로 예배의 형식과 분위기를 과감하게 바꾸었다. 당시 유명했던 만토바니 오케스트라(The Mantovani Orchestra)가 훌륭하게 연주한 찬송가 테잎이 있었다. 예배 시간이 가까워 오면 2천 명이 넘는 학생들이 깜깜한 강당으로 우르르 뛰어서 몰려 들어왔는데, 그때 바로 '내 주를 가까이 가려함은' 찬송가를 크게 틀어 주었다. 아름답고 엄숙한 찬송가 소리가 강당을 가득 메웠다. 학생들이 숙연한 분위기 속에서 발걸음 소리를 내지 않도록 하는 게 목적이었다.

따로 예배 사회자는 세우지 않고 순서를 맡은 교사나 학생이 자연스럽게 기도를 이어 가게 했다. 그리고 설교도 내가 익숙하게 알고 있던 스타일을 내려놓고 학생들이 관심 있어 할 만한 주제로 시작했다. 그리고 그 주제와 연결된 하나님의 말씀을 전했다. 예배 시간 자체에 기적이 생겨났다. 교사들조차 "학생과 교사가 다 같이 조용히 앉아서 함께 예배드리는 것이 이번이 처음이다"라고 했을 정도다.

이렇게 얻는 신용 덕분에 교사들이 교목실의 전도나 교육 프로그램을 전적으로 지원해 주었고, 종종 학교 주변에 있는 교회들에 연락하여 함께 전도 프로그램을 운영했다. 예배의 변화가 결국 전도의 열매로까지 이어지게 된 셈이다.

전임 교역자로서 처음으로 부딪친 예배의 충격은 과연 예배가 무엇인가에 대한 깊은 고민을 던져 주었다. 이 과정에서 소중한 것을 깨달았다. 예배와 설교는 예배를 드리러 오는 이들을 위한 것이다. 나아가 설교를 듣지 않겠다는 이들에게까지 전해 지는 것이어야 한다. 설교의 열매는 예배당 안에서만 맺히는 것이 아니어야 하며, 설교를 들은 교인들의 삶속에서 열매가 맺힐 때에 비로소 그 설교는 성공적이라고 할 수 있다.

물론 예배와 설교는 믿는 이들 가운데서 이루어지지만, 그 예배와 설교의 지향점은 예배당 내가 결코 아니다. 교인들이 살아 내야 하는 자리는 결국 가정과 세상이다. 교회 안이 아니다. 그들이 살아 내야 하는 그 자리에서 승리하고 성공하고 그리스도의 향기를 발하게 하지 못하는 설교는 결코 성공적인 설교라고 할 수 없다.

이러한 점에서 설교자는 사회와 세상의 문제에 귀를 열고 먼저 고민할 수 있어야 한다. 왜냐하면 그렇지 못할 때 교인들은 세상에서 크리스천의 삶을 살아 낼 수가 없기 때문이다. 교회의 메시지가 예배당 담장을 넘지 못하는 이유는 설교라는 제한적인 이해 때문이 아니겠는가.

예배를 드리지 않겠다는 청소년들로부터 너무나 귀한 도전과 깨달음을 얻었다. 교인의 입장에서 설교란 원하든 원치 않든 목사가 떠 먹여 주어야 하고 무조건 받아먹거나 가만히 앉아서 들어야만 하는 억압적 메시지가 되어서는 안 된다. 이 세상을 살아가는 신앙인으로서 함께 고민하고 생각하며 함께 하나님을 뜻을 찾아가는 과정에서 나누어지는 메시지요 지혜다.

그리고 언제나 "뜻이 하늘에서 이루어진 것같이 땅에서도 이루어지이다"(마 6:10)라고 기도하고 염원하는 성도들의 열정을 북돋우어 주는 것이어야 한다. 그래야만 이 땅에 하나님의 나라가 이루어질 수 있기 때문이다.

··· 대언자는 먼저 하나님의 음성을 듣는 사람

설교자를 대언자라고도 말한다. 그런데 이런 표현이 오해를 만들기도 한다. 하나님은 선지자나 설교자에게 하나님의 말씀을 맡기신다. 그런데 이를 '하나님이 말씀 전하는 일 자체를 목사에게 위임하신 것'으로 생각한다면 심각한 문제가 발생한다. 더군다나 마치 내가 하나님이 된 것처럼 생각한다면 더욱 심각해 진다.

설교자는 결코 하나님이 되는 것이 아니며, 더욱이 내 마음대로 전해도 되는 권한을 위임받은 것이 아니다. 그러므로 진정한 대언자가 되려면 먼저 하나님의 음성을 들어야만 한다. 하나님의 말씀을 듣지 않으면서도 하나님의 말씀을 전한다면 그것이 바로 거짓 선지자가 하는 일이다.

설교자의 자격이 신학교 졸업장에 달려 있다고 생각하는 것 또한 대단히 잘못되었다. 대언자의 더욱 중요한 자격은 하나님의 말씀을 듣는다는 데 있기에 신학 훈련의 핵심이 하나님의 뜻을 묻고 하나님의 음성을 바르게 듣는 것에 초점이 맞추어져야 한다.

하나님이 예레미야 선지자에게 말씀하신다.

만군의 여호와께서 이와 같이 말씀하시되 너희에게 예언하는
선지자들의 말을 듣지 말라 그들은 너희에게 헛된 것을 가르치나니
그들이 말한 묵시는 자기 마음으로 말미암은 것이요 여호와의
입에서 나온 것이 아니니라 항상 그들이 나를 멸시하는 자에게
이르기를 너희가 평안하리라 여호와의 말씀이니라 하며 또 자기
마음이 완악한 대로 행하는 모든 사람에게 이르기를 재앙이
너희에게 임하지 아니하리라 하였느니라 누가 여호와의 회의에
참여하여 그 말을 알아들었으며 누가 귀를 기울여 그 말을
들었느냐… 이 선지자들은 내가 보내지 아니하였어도 달음질하며
내가 그들에게 이르지 아니하였어도 예언하였은즉 그들이 만일 나의
회의에 참여하였더라면 내 백성에게 내 말을 들려서 그들을 악한
길과 악한 행위에서 돌이키게 하였으리라 °렘 23:16-18, 21-22
여호와께서 내게 이르시되 선지자들이 내 이름으로 거짓 예언을
하도다 나는 그들을 보내지 아니하였고 그들에게 명령하거나 이르지
아니하였거늘 그들이 거짓 계시와 점술과 헛된 것과 자기 마음의
거짓으로 너희에게 예언하는도다 °렘 14:14

이 예레미야 말씀처럼 대언의 의미를 분명하게 알게 하는 구절
은 없을 것이다. 듣지 않고 전하는 것, 보냄을 받지 않고도 달려가는

것, 그것이 거짓 선지자라는 것이다. 우리는 듣는 자가 되고 보냄을 받은 자가 되어야만 한다.

본래 말을 하지 못하는 사람을 표현하는 '농아(聾啞)'라는 단어는 그 표현 자체가 귀가 들리지 않는다는 뜻과 말을 하지 못한다는 의미를 같이 가지고 있다. 말하지 못하는 이유는 사실은 듣지 못하기 때문이다. 듣지 못하면 소리를 배우거나 흉내 낼 수가 없다. 마찬가지로 하나님의 음성을 듣는 일에 준비가 되어 있지 않다면 하나님의 뜻을 선포할 수 없다.

내가 하나님의 음성을 들어야 성도들도 하나님의 말씀을 바르게 들을 수 있다. 그러므로 목회자가 하나님의 음성을 듣는 일에 게으르거나 무지하게 되면 목회자도 성도들도 함께 죽어 가게 되어 있다.

결혼하면서 내 아내에게 오직 한 가지 조건만을 따라 주도록 부탁했다.

"이제부터 당신은 내 설교를 돕겠다는 마음으로라도 내 설교를 평가하지 말아 줘요. 당신도 다른 교우들과 꼭 같이 하나님의 말씀을 듣는 것처럼 들어 주세요."

아내는 기꺼이 동의해 주었고, 지금까지도 그렇게 해주고 있다. 아내에게 그렇게 부탁했던 이유는 내 아내가 영적으로 건강해야 내 목회를 건강하게 조력할 수 있기 때문이다. 남편을 돕는다는 핑계로 설교를 비판하고 평가하기 시작한다면 그 영혼이 메말라 가고 결국 하나님의 음성을 들을 수 없다.

설교는 하나님의 음성으로 들어야 한다. 이를 위해서 설교자가 먼저 하나님의 음성을 들어야 한다. 그럴 때 성도들도 역시 하나님의 음성을 들을 수 있다. 설교자가 하나님의 음성을 듣지 않으면서 전하는 말씀은 마치 내가 하나님이 다라고 전하는 것과 같다. 무섭고 두려운 일이다.

··· 먼저 하나님의 말씀을 듣는다는 것

언젠가 교우들에게 이런 질문을 던져 보았다.

"여러분은 영적 생활에서 가장 중요하게 영향을 끼치는 것이 무엇입니까?"

대다수가 '목사님의 설교'라고 답했다. 그래서 또 한 가지를 물었다.

"여러분은 목사의 설교를 듣고 영적 생활을 이어 가는데, 그렇다면 저는 누구의 설교를 듣고 신앙생활을 할까요?"

그러자 교우들은 그런 생각은 한 번도 해 보지 않았다고 했다.

실제로 나는 영적 생활을 위하여 그 누구의 설교도 듣지 않는다. 심지어 내가 한 설교 영상도 전혀 보지 않는다. 그러면 나는 어떻게 영적 생활을 해 나갈까? 목사로서 영적 생활을 이어 갈 수 있는 가장 중요한 이유는 말씀을 전하는 사명이라고 생각한다. 하나님의 말씀을 전하기 위해서는 하나님의 말씀을 미리 듣는 것이 절대적으로 필요하기 때문이다.

설교자란 교인들에게 주시는 하나님의 말씀을 가장 먼저 듣는 자이며 설교 준비란 하나님이 교인들에게 주시는 말씀을 가장 먼저 듣는 작업이다.

설교자가 설교를 준비하는 과정에서 깊은 감동이나 깨달음을 받지 못한다면 그렇게 준비한 설교로 교인들에게 영적인 감동을 줄 수 있을까? 더욱이 그들의 삶을 향하신 하나님의 음성을 듣기를 기대한다는 것은 매우 부적절한 것 아닌가?

솔로몬이 왕이 될 때에 하나님이 그에게 무엇을 해주기를 원하는지 물으셨다. 솔로몬은 종은 어린 아이와 같다고 고백하면서 이렇게 간구한다.

누가 주의 이 많은 백성을 재판할 수 있사오리이까 듣는 마음을 종에게
주사 주의 백성을 재판하여 선악을 분별하게 하옵소서 °왕상 3:9

솔로몬이 구하는 지혜는 바로 듣는 마음이었다. 하나님은 이런 솔로몬의 마음과 간구를 매우 기뻐하셨다. 그러므로 그가 구하지 않은 부귀와 영화까지도 베풀어 주셨다. 왜 하나님이 그의 간구를 그렇게 기뻐하셨을까? 과연 솔로몬이 간구한 듣는 마음이 왜 하나님이 기뻐하는 기도가 되었을까?

흔히 생각할 때 듣는 마음을 백성들의 형편을 살피는 마음이라고 이해한다. 하지만 듣는 마음은 결코 백성들의 마음을 듣는 것만을 의미하지 않는다. 그의 간구를 잘 보면, 솔로몬이 듣는 마음을 달라는 이유는 백성들의 삶에 대하여 선악을 분별하게 해 달라는 것이다. 놓치지 말아야 할 중요한 요소가 여기에 있다. 선악을 분별하는 것은 하나님의 뜻을 알아야만 하는 것이라는 점이다.

즉 솔로몬의 듣는 마음이란 두 가지 요소가 함께 있어야 한다. 먼저는 백성의 소리, 백성들의 마음을 듣는 마음이고, 더 나아가서는 하나님의 마음이다. 이 두 가지 중에서도 더욱 본질적인 것은 하나님의 마음일 것이다. 설교자의 귀가 열려 있어야 하는 요소는 바로 하나님의 뜻을 듣는 귀와 교인들의 삶을 듣는 귀인 것이다.

··· 하나님의 말씀을 듣기 위한 최소한의 과정

내 경우 하나님의 말씀을 바르게, 제대로 듣기 위해서 최소한 네 가지 과정을 거친다.

말씀에 대한 묵상 : 설교의 본문이 정해지면 첫 단계로 말씀 자체를 여러 번 읽으며 묵상한다. 이 과정에서 발견하거나 깨닫게 되는 것들을 모두 메모한다.

말씀에 대한 연구 : 그다음 단계는 말씀에 대한 연구가 필요하다. 단순히 내 판단과 느낌에 의지한 깨달음을 넘어서 성경 본문 자

체가 가지고 있는 메시지를 찾아 내는 것이 말씀에 대한 연구이다. 이런 연구가 없을 때 말씀의 깊이가 상식적인 수준을 넘어가지 못하게 된다. 주석도 참고하고 원어가 가지는 의미도 살피고 단순한 묵상을 넘은 연구를 해야 한다.

살아가고 있는 시대에 대한 연구 : 그다음 단계는 교인들이 살아가고 있는 시대에 대한 연구를 해야 한다. 하나님의 말씀은 이스라엘이나 유대인의 과거 역사에 갇혀 있는 책이 아니라 성령의 역할 속에 새로운 시대에도 살아 역사하시는 진리의 책이다. 설교자는 현시대를 살피고 동시대를 살아가고 있는 교인들의 삶을 살피면서 이 시대에 또는 교인들에게 하나님의 말씀이 무엇을 도전하고 무엇을 격려하며 무엇을 제시하고 있는지 들을 수 있어야 한다. 교인들의 삶을 살피는 것은 평소에 해야 할 마땅한 일이다.

하나님의 뜻을 내 삶에 받아들일 수 있게 하는 연결 : 그다음 단계는 하나님의 말씀을 오늘을 사는 교인들에게 가장 적절하고 효율적으로 연결하는 매개체를 찾아야 한다. 뉴스나 예화, 역사나 예술 등 어떤 것이라도 하나님의 말씀과 교인들의 삶을 연결할 수 있어야 한다.

··· 설교 수준을 낮추지 말라
목사는 설교의 수준을 결코 낮추지 말아야 한다. 나는 처음 개

척교회의 자체 성전을 마련한 다음부터는 토요일 밤에는 무조건 성
전에서 머물렀다. 주일예배에서 선포할 말씀을 잘 준비하기 위해서
였다.

밤새 설교를 준비하고, 1부 예배가 시작될 오전 7시 조금 전에
원고를 마무리했다. 지켜보던 아내가 한번은 조금 더 일찍 준비할
수 없느냐고 물어본 적이 있다. 내 건강을 늘 염려한 것이다. 그래서
내가 말했다.

"교우들에게 최대한 따뜻한 밥을 준비해서 대접하려고 하지요."

그랬더니 아내가 그런다.

"따뜻한 밥이면 좋지만, 설익은 밥이 될까 봐 걱정이지요."

물론 목자로서 설익은 밥을 지어서는 안 된다. 미리 준비하되
최선을 다해 준비해야 한다. 설교의 수준을 목사 스스로 낮추어서
는 안 된다. 선한 목자 되신 주님이 양들에게 최선의 것을 주기 원
하시기에 설교자는 거기에 맞춰 최선을 다하여 준비해야 한다.

··· 목회자가 바로 선다는 것

목회자는 설교자(Preacher)이면서 동시에 목회자(Pastor)이다. 좋은
설교자가 되려면 동시에 좋은 목회자가 되어야만 한다. 목회자라
는 것은 목자에서 온 말이다. 양들의 사정을 알고 잘 돌보는 목자의
마음이 있어야 좋은 설교자가 될 수 있다는 의미이다. 이 둘은 결코

분리될 수 없다.

‘내 가장 중요한 사명은 주님이 내게 맡겨 주신 양들’이라는 사실을 생각하면 복잡한 인간관계에 함몰되지 않게 된다. 사실 교회 내에서 생기는 섭섭한 일들을 목회자가 잘 다스리지 못하면 이 갈등으로 인하여 가장 크게 손해를 입는 것은 교인들이다.

목회하는 동안 주님께 이런 기도를 드렸다.

“강단에 설 때에 단 한 번도 섭섭한 마음, 분노한 마음으로 설교하지 않게 해주옵소서.”

주님이 그 기도를 기쁘게 여기셨다고 믿는다. 실제로 교회의 복잡한 일이 있어도 강단에서 분노한 마음 섭섭한 마음으로 말씀을 전한 적이 없었기 때문이다. 얼마나 큰 은혜인가.

목회의 진정한 의미의 성공은 양들이 건강하게 살아가고 그들의 삶 속에서 하나님의 음성을 듣고 하나님의 인도하심 따라 살아가는 것이다. 어떤 프로젝트를 잘 완성하고 어떤 행사를 멋지게 했다고 그것이 목회의 성공일 수는 없다. 목사가 인간적인 일에 얽혀서 자신의 감정이 섞인 말씀을 전할 때 교인들은 상처를 입기도 하고 하나님의 위로보다는 인간의 분노를 경험하게 된다. 말씀이 약이 아니라 독이 될 수도 있다.

양들은 교회 행정의 복잡한 이야기를 들을 의무는 없고 신실하신 하나님의 음성을 들을 권리만 있다. 목회자가 먼저 바로 서야 할 이유다.

미국에서 목회할 때 어느 눈이 오는 토요일 밤에 설교를 준비하고 있었다. 고난당한 자를 사랑하고 돌보라는 주제였다. 그 말씀을 준비하다가 마음에 큰 도전을 받았다. 그무렵 사업에 큰 어려움을 당한 안수집사님이 있었는데, 좀 더 잘 돌보지 못한 나 자신 때문에 괴로워졌다. 내가 고난당하는 사람을 제대로 돌보지 못하면서 어떻게 고난당한 자를 돌보라는 설교를 할 수 있는가?

설교를 준비하다 자리에서 일어나 그 집사님 집을 향했다. 문제는 눈이 오고 있는 밤이었다는 것이다. 그 집사님 집을 향하다가 고속도로에서 차가 미끄러져 뱅글뱅글 돌더니 도로 옆을 들이받고 섰다. 천만다행인 것은 도로 옆에 눈이 높이 쌓여 있어서 차가 그 눈에 쳐박혀 크게 다치지 않았다. 눈이 오는 밤이어서 차들이 많지 않았던 것도 다행이었다. 그야말로 죽을 고비를 넘기고 심방을 한 후 무사히 집으로 돌아왔다. 비록 밤을 새며 설교를 준비했지만 감사한 마음으로 강단에 설 수 있었다.

물론 모든 상황에 이렇게 하라는 것은 결코 아니다. 다만 내가 말씀대로 양들을 돌볼 때에 양들에게도 양질의 말씀을 전할 수 있다는 간증이다.

··· 목사도 아내와 다툴 때가 있다

처음으로 미국에서 교회를 개척하고 목회를 시작했다. 대대로 믿는 가정이어서 교회를 개척하면 마땅히 새벽기도회를 열어야 한다고 생각했다. 교인이 없지만 새벽기도를 시작했다. 하루하루 열심히 새벽기도를 인도하는데 한 분 두 분 새벽기도회를 찾아오는 분들이 생겼다. 후에 알게 된 것은 그 지역에 몇 개의 교회가 있었는데, 그 어느 곳에서도 주중에는 새벽기도회를 인도하지 않았다. 그러다보니 기도하고 싶어하던 분들이 한 분 한 분 찾아오신 거였다.

그것이 계기가 되어 교인들이 조금씩 늘어나기 시작했다. 그런데 오는 분들 나이대가 제법 많아 보였다. 알고 보니 롱아일랜드 라는 지역 자체가 한국에서 갓 오신 분들보다는, 일찌감치 미국에 와서 어느 정도 정착하고 살아가는 분들이 있는 곳이었다. 그렇다 보니 목사는 젊은데, 교인들은 목사보다 나이가 열 살은 더 많았다.

어느 날 밤 아내하고 말다툼을 했다. 무슨 이유였는지조차 잘 기억나지 않는다. 기억나는 것은 그날 내가 잠도 제대로 들지 못하고 뒤척이다가 새벽기도를 나갔다는 것이다. 새벽기도는 대략 성경을 한 장씩 읽어 나가면서 말씀의 뜻을 전하고 그 말씀에 의지하여 기도하는 형식이었다. 특별히 신약성경에는 '사랑하라' '용서하라' '이해하라'는 말씀이 비교적 자주 나오는데, 그날따라 그런 본문을 읽고 있자니 괴로워서 말씀을 전할 수가 없었다.

이렇게 나보다 인생도 많이 사시고 연세도 드신 분들이 목사님 말씀 듣고 기도하겠다고 멀리서부터 나왔는데, 정작 나는 가정에서도 화평하지 못하고 용서하지 못했다. 그런 내가 어찌 이런 말씀을 전할 수 있겠는가? 그날의 설교는 진땀이 흐르고 너무나 괴로웠다.

그날 아내에게 이렇게 말했다.

"여보, 우린 다투면 목회를 할 수가 없어요. 내가 설교를 할 수가 없어요."

그래서 그 이후로 한 가지 방법을 택했다. 아무리 갈등과 다툼이 생기더라도 잠들기 전에는 무조건 해결한다는 원칙이다. 만약 해결하지 못하면 그다음 날 새벽이 또 다가오기 때문이다.

이 약속을 지금까지 지키며 살고 있다. 사실은 이 말씀이 성경에 이미 있다.

> 분을 내어도 죄를 짓지 말며 해가 지도록 분을 품지 말고 마귀에게 틈을 주지 말라 °엡 4:26-27

내가 먼저 말씀에 순종해야 양들에게도 바르게 말씀을 전할 수 있다. 설교와 목양을 결코 분리할 수 없고 따라서 설교자와 목회자도 분리할 수 없다. 양들을 바르게 대할 때 목사도 바르게 자라 갈 수가 있다. 그래야 양들도 말씀 안에서 건강하게 살아갈 수가 있다.

Chapter **12**...

목회의 중요한 가치는
프랜드십에 있습니다

유학을 위하여 미국에 간 이후에 교회를 개척하고 목회하며 25년간 미국에서 살게 되었다. 미국에서 사는 동안 가장 좋아하게 된 영어 단어가 있다면 그것은 '프랜드십(Friendship)'이다. 우정, 친구 관계를 뜻하는 말이다. 이 단어를 좋아하게 된 이유가 있다.

우리 문화에서는 친구가 되려면 나이라든가 직급 등 조건이 필요하다. 그것이 형성되지 않으면 결코 친구가 되지 않는다. 그런데 미국에서 발견한 것은 친구가 되기 위한 이러한 조건들은 별 의미가 없다는 사실이다. 나이나 직급이 차이가 나도 친구가 된다는 점이 놀라웠다. 그것이 또한 부러웠다.

처음 프린스턴신학교에 유학을 갔을 때 그동안 책과 논문에서만 보던 유명한 교수님들을 직접 보면서 놀란 게 있다. 이렇게 유명한 교수님들이 도서관에서 학생들과 나란히 앉아 공부하는 것이다. 더욱이 놀라운 모습은 2-30대 학생들이 이런 학계의 거목과 같은 노교수들과 함께 교정을 걷고 자유롭게 대화하면서 어깨동무를 하기도 한다. 처음으로 든 생각은 역시 이 나라 젊은이는 버릇이 없고 예의가 없구나라는 것이었다. 하지만 세월이 점점 지나가면서 발견한 것은, 미국에서 친구 관계란 나이나 직급이 비슷해야 가능한 것이 아니라는 사실이다. 이런 것과 관계없이 서로 신뢰하거나 축복해 주고 싶은 대상과는 친구가 된다는 사실이다. 얼마나 부러운가.

미국에서 목회하는 동안 종종 교회 아이들이 학교에서 한국 학생들과 싸웠다는 보고를 받을 때가 있었다. 싸움의 주요 원인 중의 하나가 예의범절이다. 무슨 말이냐 하면, 한국에서 온 아이는 나이를 따지면서 "나한테 형이라고 해라" 또는 "존댓말 해라. 왜 반말을 하느냐?"고 문제를 삼는다. 그런데 미국에서 자라난 아이들은 아예 나이와 관계없이 친구 관계들을 맺고 있으니 이를 이해할 수 없는 것이다.

우리 문화 속에서는 나이가 직급과 같다. 친구가 되려면 대략 나이가 비슷하거나 동갑이어야 한다. 그래야 동질감이 생기고 생각도 비슷할 수 있다. 생각이 다른 사람과는 친구 되기가 힘들다.

그런데 미국 목회자와 지내다 보면, 상대를 있는 그대로 받아 주고 인정해 준다는 생각이 들 때가 많다. 나보다는 훨씬 성숙하게 느껴진다. 내게는 부족한, 우리에게는 익숙지 않은 이런 가치관은 과연 어디서부터 온 것인가? 미국 사회에서 가지는 친구 관계의 뿌리는 어디에서부터 생겨났을까? 이런 것들을 고민하다가 깨닫게 된 것이 있었다. 그들 사회는 근본적으로 기독교적인 문화가 바탕이라는 점이다. 그리고 기독교적인 것의 핵심은 바로 주님의 성육신이다.

성육신은 하나님이 인간이 되시기 위하여 낮아지신 것을 말한다. 주님은 신이지만 우리를 친구라고 불러 주셨다.

사람이 친구를 위하여 자기 목숨을 버리면 이보다 더 큰 사랑이

없나니 너희는 내가 명하는 대로 행하면 곧 나의 친구라 이제부터는
너희를 종이라 하지 아니하리니 종은 주인이 하는 것을 알지
못함이라 너희를 친구라 하였노니 내가 내 아버지께 들은 것을 다
너희에게 알게 하였음이라 。요 15:13-15

이 사실을 발견하면서 기독교적 가치관이 얼마나 소중한지 새
삼 깨달았다. 동시에 유교적인 문화뿐 아니라 비기독교적 문화를
극복하기 위해서 기독교적 가치관을 소유하는 것이 얼마나 중요한
지를 깊이 생각하게 되었다.

주님이 최후의 만찬 자리에서 식사 도중에 갑자기 일어나셔서
제자들의 발을 씻기기 시작하셨다. 제자들은 아무 말도 하지 못했
지만, 그런 충격적인 상황을 편하게 받아들이기는 쉽지 않았을 것
이다. 왜냐하면 당시 손님들의 발을 씻겨 주는 것은 종들의 역할이
기 때문이다. 어떻게 주님이 우리의 발을 씻어 주실 수가 있는가?

불편한 침묵 속에서 진실의 뜨거움이 있는 베드로는 그 적막함
을 깨고 주님께 항의하듯이 이야기한다.

"안 됩니다, 주님. 주님은 저의 발을 절대로 씻으실 수 없습니다."

그때 주님이 말씀하신다.

"내가 너를 씻어 주지 않으면, 네가 나와 상관이 없다."

주님은 베드로의 요청을 받아 주지 않으셨다.

그렇다면 주님의 섬김의 손길을 거부하는 베드로의 생각이 잘

못된 것인가를 묻게 된다. 결코 잘못된 것은 아니다. 문화적으로 볼 때 베드로의 생각은 분명 옳다. 오히려 가만히 있는 제자들이 옳지 않아 보인다. 하지만 왜 주님이 베드로의 요청을 받아 주지 않으셨을까? 그 답은 이 충격적인 사건의 결론 부분에서 찾을 수 있다.

> 그들의 발을 씻으신 후에 옷을 입으시고 다시 앉아 그들에게
> 이르시되 내가 너희에게 행한 것을 너희가 아느냐 너희가 나를
> 선생이라 또는 주라 하니 너희 말이 옳도다 내가 그러하다 내가 주와
> 또는 선생이 되어 너희 발을 씻었으니 너희도 서로 발을 씻어 주는
> 것이 옳으니라 내가 너희에게 행한 것 같이 너희도 행하게 하려 하여
> 본을 보였노라 ˚요 13:12-15

'본을 보여 주신 대로 살아라.' 이것이 주님이 주시는 가르침이다. 베드로는 장차 교회의 수장이자 선생이 될 것이다. 그런데 만약 베드로가 자신의 문화에만 속해 있다면 결코 제자들의 발을 씻어 주지 않았을 것이다 예수 그리스도가 모든 문화의 변혁자 되시는 이유다. 모든 문화는 나름대로 선한 부분이 다 있다. 하지만 그 선함은 절대적인 것이 아니다. 그것조차 복음의 정신으로 새로워질 필요가 있다.

··· 어른 세대도 변화에 동참하자

오늘날 한국 사회에서 세대 간 갈등이 점점 심화되는 느낌이다. 이 갈등의 핵심에는 문화적인 차이가 존재한다. 어른 세대는 유교적인 문화 속에서 성장했고 살아왔다. 하지만 젊은 세대는 유교적인 가치관이나 문화를 무조건 수용하지 않는다. 어른들이 나이가 들었기 때문에 그들의 말에 무조건 순종해야 한다거나 따라야 한다고 하면 젊은 세대는 곧 거부한다. 동의하지 못한다. 이러한 가치관의 충돌이 소통을 어렵게 하는 요소이다.

우리 사회의 더욱 심각한 문제는 이러한 가치관의 혼란 속에서 아무런 대안이 나오지 않고 있다는 점이다. 과연 대체할 수 있는 가치관은 무엇인가? 유교적 가치는 더 이상 공동의 가치가 될 수 없음에도 다른 대안은 나오지 않고 있다. 서로 부딪치지 않고 조심 조심하며 공존하고 있는 것 같다.

만약 교회가 기독교적 가치를 적극적으로 배우고 성육신의 정신으로 살아가게 된다면 가치관의 혼돈과 문화적 갈등을 겪고 있는 우리 사회에 새로운 가능성을 부여해 줄 수 있을 것이다.

내가 만난 젊은이들 가운데 교회에 대하여 이렇게 이야기하는 이들이 있었다.

"목사님, 왜 교회에 오면 일반 사회보다 더 과거지향적이고 답답한지 모르겠습니다."

깊이 생각해 보면 젊은이들의 지적이 전혀 틀린 말이 아니다.

일반 사회에서는 30대도 40대도 상당히 인정받고 매우 활발하게 주도적인 역할을 해 가고 있는데 교회에서는 마치 어린아이처럼 취급되고 있지 않은지 생각해 봐야 한다. 교회의 리더들은 전체 교인들에 비하면 상당히 연령이 높은 편이 아닌지 고민해 봐야 한다. 교회에서는 여성들이 중요한 일들을 훨씬 많이 감당하고 있으면서도 리더들은 지나치게 남성 중심이 아닌지 따져 보아야 한다.

이런 질문을 깊이 생각해 보아야 한다. 젊은 세대들에게 변화를 요구하기 보다는 어른 세대들이 변화를 추구해야 한다. 그것이 주님의 방법이다. 성육신을 통해서 보여 주신 모범이다. 그래야만 젊은 세대, 다음세대로 기독교적 메시지를 제대로 전달해 줄 수가 있는 것이다.

우리 사회는 유교적 가치관이 젊은 세대에게 더 이상 받아들여지지 못함에도 불구하고 교회에서는 이런 문화적인 틀과 생각에 사로잡혀 있는 요소가 분명 존재한다. 이런 문제를 극복해 내지 못한다면 교회 내적으로는 믿음이 다음세대로 이어지지 못할 것이요 사회 속에서도 환영받지 못하게 되는 것이다. '프랜드십'의 가치관이 절실하게 필요함을 목회하면서 늘 경험한다.

··· 교회에도 프랜드십이 필요해
이민 교회는 한국사회보다 여러 가지 면에서 선교지와 같다. 선교라는 것이 문화와 언어가 다른 곳에 복음을 전하는 일이라면 이민 사회에는 가정에서부터 언어가 다르고 문화가 다르기에 이 차이에서 오는 장벽이 존재한다. 흔히 이민 교회에서 겪는 일이다.

교회 어른들이 아이들을 가르치는 교역자에게 제발 아이들 인사를 잘 가르치라고 요청한다. 어르신들의 교역자 평가는 가르치는 아이들이 어른들에게 인사를 잘하느냐에 달려 있다. "아이들이 이전보다 인사를 잘하는 것 보니 저 교역자가 아이들을 잘 가르치는 것 같네요" 하는 것이다.

그런데 이런 문제를 2세 교역자에게 부탁하면 그들의 반응은 이렇다.

"우리 아이들이 왜 교회에 오면 어른들이 그렇게 무섭냐고 말합니다."

그도 그럴 것이 미국 사회에서는 전체적으로 어린이들을 존중해 주고 사랑해 주는 문화가 몸에 배어 있다. 그러므로 늘 따뜻하게 대해 주는 어른들을 쉽게 대하게 된다. 그런데 교회에 왔을 때 먼저 인사해 주거나 사랑을 표현해 주는 어른들보다는 인사를 하는지 하지 않는지를 지켜보는 이들이 더 많다면 어린이들이 무섭다고 느끼는 것은 자연스러운 결과다.

누가 옳고 그른 것이 아니라 서로 간에 살아가는 문화가 다른 것이고 이 문화적 차이 때문에 소통은 단절되고 오해가 만들어지는 것이다. 이를 극복하려는 노력을 매우 중요한 선교적인 과제로 볼 수 있어야 한다.

우리 한국 사람들은 누구보다도 사랑과 정이 많은 민족이다. 하지만 자연스럽게 유교적인 문화 속에 갇혀 있게 될 때 본의와는 다르게 그 사랑이 전달되지 못하는 원인이 되는 것이다. 진정한 의미의 어른다움은 나이에 있다기 보다 예수님 닮음에 있어야 한다.

성육신의 윤리, '프랜드십'의 가치가 필요한 또 하나의 영역은 교회의 제도와 그 운영에 있다. 민주주의적인 제도가 일찍이 장로교회 제도에서 왔다는 견해가 있다. 상당 부분 동의한다. 하지만 목회를 하면서 발견하는 것은 한국 장로교회의 경우 의사 결정 과정이 결코 민주주의적으로 이루어지지는 않는다는 사실이다.

당회를 예를 들면, 우선 다수결로 결정하기 어렵다. 다수결로 결정했을 때 찬성파와 반대파가 나뉘어질 가능성이 높기 때문이다. 한편 내 의견이 받아들여지지 않으면 전체가 결정하더라도 끝까지 반대하는 경우도 자주 대하게 된다. 이러다 보니 자유롭게 토론하고 자기의 의사를 표현하는 것이 쉽지 않다.

그런 이유로 대부분 한국 장로교회의 경우에는 당회의 결정을 거의 만장일치제로 운영하고 있다. 가급적 가부를 묻지 않는 것이 목회의 지혜로 느껴지기도 한다. 모두가 동의해야 하는 매우 높은 차원의 기준을 가지고 있다는 점에서는 대단하지만, 이런 경우 한두 사람이 반대해도 진행이 어렵기에 당회는 늘 가장 무난한 것을 택하게 되고 변화를 추구하기가 어려워진다.

또한 이런 것도 존재한다. 연장자가 반대하거나 당회원을 오래한 사람이 반대한다면 계속 진행하는 것이 더욱 어려워진다. 즉 당회원 각자는 일정 비율의 교인을 대표하는 이들로 똑같은 한 표씩을 행사하지만 실제로 각 사람이 가지는 푯값은 절대 같지 않다. 사람 따라 큰 차이가 나는 것이 현실이다.

이 차이 중에 크게 작용하는 것은 연장자나 선임자라는 의식이다. 우리가 부족한 면은 한 사람 한 사람의 개성이나 의견을 존중하기보다는 어떤 집단에 속하는가로 개인을 바라본다는 점이다.

목회자들은 이런 현상에 이미 매우 익숙하다. 이런 것을 잘 이해하고 목회해야 지혜로운 목회요 성숙한 목회라 할 수 있다. 이런 것을 모르고 목회하면 어리석은 목회자가 되는 것이다.

··· 모든 교인과 친구가 될 수 있는가

성육신의 가치, 프랜드십의 윤리가 필요한 또 하나의 영역은 교인들과의 개인적 관계에서도 나타난다. 아무래도 유교적인 가치관에서 나이나 직급 등, 외적인 조건이 중요해질 때 진정한 의미에 있어서 그 인간 자체를 인정해 주는 친구는 되기 어렵다. 친구란 생각이 다르고 때로 나에게 특별한 이익이 되지 않아도 상대방의 진실이나 가능성을 믿어 주고 축복해 줄 수 있는 관계를 말한다.

25년 만에 한국에 돌아와서 중학교 때부터 함께 자랐던 동창들을 만났다. 옛날부터 만나면 싸우던 아이들이 아직까지도 만나면 싸우는 것을 보고 참 재밌다고 생각했다. 친구는 생각이 달라도 친구이고 가치관이 달라도 잘되기를 바라고 축복해 줄 수 있다. 이런 관계는 친구가 될 때만 가능하다.

이러한 점에서 모든 교인과 친구가 될 수 있다면, 이것이 최고의 목회라고 생각한다. 어떤 조건이나 이익을 중심으로 하는 관계가 아니라 외적인 것과 관계없이 있는 그 사람 자체를 믿어 주고 축복하고 사랑하는 것이라면 가장 성숙한 믿음이요 성숙한 관계라고 생각한다.

예수님의 별명 가운데 '죄인과 세리의 친구'가 있다. 충격적인 별명이다.

> 인자는 와서 먹고 마시매 너희 말이 보라 먹기를 탐하고 포도주를 즐기는 사람이요 세리와 죄인의 친구로다 하니 °눅 7:34

죄인과 세리의 친구라는 표현은 당시 유대 사회에서는 문화적으로는 가장 경멸스러운 평가이지만 복음의 관점으로는 최고의 평가다. 어떻게 하나님의 아들이신 예수님이 세리와 죄인의 친구가 될 수 있는가? 가장 순수한 섬김과 사랑 아니라면 불가능한 관계다. '죄인과 세리의 친구' 너무나 아름다운 별명이다. 섬김만이 가능케 하는 성육신의 본질이요 낮아지고 낮아져도 기뻐할 수 있는 사랑이기 때문이다.

성육신의 가치관, 친구 됨의 가치관, 이는 교회를 목회하는 동안 늘 마음에 품고 있었던 주제이다. 이런 가치관의 추구는 목회적 이슈일 뿐 아니라 선교적 이슈이기도 하다. 참된 가치관을 찾고 있는 우리 사회에서의 교회의 역할과도 직결되는 문제이다. 라인홀드 니버(Reinhold Niebuhr)가 이야기한 '문화를 변혁하는 그리스도'라는 점에서 성육신의 가치관은 너무나 중요하게 추구해야 할 가치인 것이다.

"내 발을 결코 씻으실 수 없습니다"라는 문화적 의식에만 머물러 있다면 세상을 변화시킬 힘이 없을 것이고, 다음세대에 복음을 물려 주는 일도 쉽지 않을 것이다. 하나님이 친히 낮아지셔서 인간이 되시고 죄 많은 인간을 위하여 목숨까지 내어주셨다. 죄인에게까지 친구가 되어 주시는 예수님의 정신을 본받고 살아가야 한다.

우리 그리스도인과 교회가 예수님의 성육신의 정신을 따라 먼저 세상의 친구가 되어 줄 수 있다면 분명 주님은 놀라운 일들을 이루실 것이라 믿는다.

Chapter 13...

약한 이민 교회를
함께 세워 갑니다

이민자들의 교회를 섬기면서 한편으로 늘 마음에 무거운 짐이 있었다. 우리 교회가 성장할 때 다른 교회는 쇠퇴할 수 있다는 점이었다. 목회 처음부터 믿지 않는 이들에게 전도하기 위해서 늘 애를 썼지만, 그럼에도 믿는 이들이 수평 이동하는 것을 막을 수 없었다. 이민 교회들은 아직 뿌리가 깊지 못했기 때문에 원치 않는 갈등과 다툼도 상대적으로 많다. 오래 다닌 교회, 더욱이 항존 직분을 받은 교회를 떠나서 새로운 교회를 찾아야 하는 것은 모두에게 쉬운 일이 아니었다.

한번은 이웃 교회 안수집사님이 내가 목회하는 교회로 왔다. 그런데 얼마 안 있어 그분이 다니던 같은 교회에 다른 안수집사님이 나를 찾아왔다. 그분을 다시 돌려보내 달라는 것이었다. 그분이 자기들 교회에서 빠지면 큰 타격이 생긴다고 했다.

참 난감했다. 나를 찾아온 분도, 또 그분이 다니던 교회도 상황이 좋지 않은 것은 충분히 이해할 수 있었다. 그런데 스스로 교회를 옮기자 마음먹은 분에게 돌아가라고 하는 것도 합당하지 않은 일이었다. 자칫 내쫓는 것처럼 느껴질 수 있었다.

나는 새로 오신 집사님을 불러 이렇게 말했다.

"집사님이 다니던 본 교회로부터 돌아와 달라는 요청이 있었습니다. 하지만 제가 돌아가시라는 말씀을 드릴 수는 없을 것 같습니다. 제가 사정을 다 알 수 없을 뿐만 아니라, 교회에서 중요한 일을 감당하던 분이 이런 결정을 하신 데에는 그에 합당한 어려움이 있으셨던 것 아니겠습니까?”

내가 진솔하게 다가가자 그분이 마음을 열어 주었다. “제가 왜 오래 섬기던 교회를 떠나야 했겠습니까?”라면서 그동안 쌓여 온 마음의 상처와 고통들, 그로 인하여 영적 생활이 되지 않았던 일들을 털어놓으셨다. 구구절절 이해가 되는 이야기들이었다.

이민 교회를 찾는 사람들은 이미 고향을 한 번 떠나온 사람들이다. 출신도, 믿음생활의 배경도 모두 다르다. 장로교, 감리교, 침례교, 순복음 등 지난날 자신의 신앙 배경과 관계없이 가까운 지역의 교회로 모이다 보니 다양성은 좋지만 교회에 대한 기본 이해들이 모두 다르다. 이러한 것들이 갈등의 요인이 될 때가 많다.

이민 교회에 적지 않은 갈등이 있는 또 하나의 요인은 교인들 개개인이 삶 속에서 느끼고 있는 외로움 공허함 열등감, 즉 내적인 갈등들 때문이다. 그래도 일찍이 한국을 떠나 새로운 땅으로 향한 이들은 그 시대에는 다른 사람들보다 진취적이거나 자신감이 있던 분들이었다. 하지만 성인이 되어 새로운 땅에 정착할 때는 지난 날의 잘했던 모든 것이 오히려 좌절감이나 열등감을 부추길 수도 있다. 이러한 내적 갈등을 가지고 교회로 왔을 때 하나님의 위로를 얻고 지난날뿐 아니라 미래의 삶도 인도해 주시는 하나님께로 가까이 나아간다면 은혜로운 신앙 여정이 될 것이다. 그런데 많은 경우는 세상에서 채워지지 않는 자존감, 세상에서 느끼는 열등감을 교회에서 해소하려 하니 늘 갈등의 요인이 되곤 한다.

··· 다음세대에게 전달된 사랑의 장학금

이민 교회가 겪는 또 한 가지 어려운 문제는 2세들을 지도해 줄 교사가 없다는 점이다. 어느 교회든지 교육부가 안정되지 않으면 자녀가 있는 가정은 교회에 정착하기가 어렵다. 사실 자녀의 장래를 생각하지 않고 어른들만의 친분으로 교회 생활을 오래 하는 일은 오래 갈 수도 없고 오래 가서도 안 된다. 성장하는 아이들에 맞추어 신앙교육이 절대적으로 중요하다.

이민 교회는 그 자체가 선교지라고 말한다. 왜냐하면 교회뿐 아니라 가정에서도 최소한 두 가지 언어와 문화권이 존재하기 때문이다. 이민 교회에서 교사를 하려면 이중언어와 이중 문화를 이해하고 도와줄 수 있어야만 한다. 이 점이 이민 교회들을 어렵게 만드는 또 하나의 이유이다.

이렇게 이민 교회들의 연약한 부분을 돕지 않으면 결국 교회는 전체적으로 약해질 수밖에 없다. 어떤 점에서는 작은 교회들이 비율로 볼 때 큰 교회들보다 더 전도에 효율적으로 그 역할을 감당하기도 한다.

이민 교회들을 돕기 위해서 우선 중요한 것은 어려운 여건 속에서도 목회에 최선을 다하고 있는 목회자들을 돕는 것이다. 누구보다도 격려가 필요하고 누군가 함께하고 있다는 유대감이 필요하다.

내가 나성영락교회에 있을 때, 우리 교회는 이런 이민 교회의 어려움을 조금이나마 돕기 위해 매년 힘닿는 데까지 많은 목회자 자녀에게 장학금을 지원했다. 장학금을 받는 아이들이 매년 2-300명까지 늘었다. 2009년 7월 20일에 열린 장학금 수여식에는 300명의 아이들에게 각각 1,000달러씩, 30만 달러가 수여되어 언론에 보도되기도 했다. 그날 나는 창세기 39장 6-9절을 본문으로 하여서 "요셉처럼 어려움을 믿음으로 극복하고 언제나 하나님 앞에서만 바르게 살아간다면 다른 사람에게 축복의 근원지가 될 것이다"라고 설교했다.

··· 이민 교회 목회자를 위한 가족 수련회 개최

나도 그랬지만, 목회자 가정이 휴가를 가는 것은 매우 어려운 일이다. 목회 10년차, 20년차가 되어도 휴가다운 휴가를 떠나지 못한다.

LA에서 두 시간 정도 떨어진 곳에 팜 스프링스(Palm Springs)라는 휴양도시가 있다. 무척 더운 지역으로 겨울철에 유럽에서도 많은 사람이 찾아오는 좋은 휴양지이다. 상대적으로 여름에는 더욱 덥기 때문에 사람들이 많지 않다.

이러한 사실을 이용해서 목회자 가족 수련회를 이곳 팜 스프링스에서 열기로 했다. 좋은 휴양지이기에 실내에는 좋은 수영장들이 있고, 사람들이 붐비지 않으니 자유롭게 활동하기에도 좋았다. 좋은 가격에 매년 수련회를 열기에는 매우 적절한 곳이었다. 그곳에서 목회자 가족들은 충분히 쉬고 대화를 나누었다. 가족들이 함께 기도하는 시간을 가질 때마다 그들은 함께 울기도 하고 웃기도 했다. 참으로 행복한 모습이었다.

··· 이민 교회 목회자 자녀들만의 교육부 운영

이민 교회를 자세히 살펴보면 목회자 자녀들이 정말 중요한 역할을 감당하는 것을 발견한다. 이민 교회는 특히 언어의 어려움이 크다. 그러나 이중언어를 구사하는 교역자 구하기도 쉽지 않고, 있다 해도 모실 수 없는 상황일 수 있다.

그럴 때 통역자 역할을 톡톡히 감당해 주는 사람이 교역자의 자녀들이다. 그들도 배우고 성장해야 할 나이에 교역자 역할을 하면서 애를 쓴다. 분명 그들도 청소년이나 청년의 때에 개인적인 갈등과 고민이 많지만 그것을 살피기에는 교회의 현실이 더욱 절박하기에 사역의 현실에 뛰어들고 있는 것이다.

그들을 도우려면 목회자 자녀들이 영적으로 성장할 수 있는 자리를 마련해 줄 필요가 있었다. 토요일 오후 시간에 나성영락교회의 교육부에 방을 내주고, 전적으로 이민목회자 자녀들의 영적 생활을 지도해 줄 교역자를 따로 세웠다. 이곳에서 그들은 예배를 드리고 성경을 공부하고 함께 찬양하고 기도하는 시간을 가졌다. 당장 내일 주일이 되면 부모님이 목회하는 교회에서 교역자처럼 섬겨야 하는데, 전날 오후에 비슷한 환경에 있는 친구들을 만나 함께 예배하고 삶을 나누는 일이 그들에게는 생수처럼 축복된 시간이 되었다.

목회자 자녀들의 모임은 일반 교육부의 모임과는 많이 달랐다. 일반적으로 교회 교육부는 학년의 차이가 조금만 나도 세대차이가 난다고 불만이 나오곤 한다. 하지만 목회자 자녀를 위한 교육부는 세대 차이가 전혀 없었다. 대학생과 초등학생도 하나같이 잘 어울린다. 그들 사이는 형제 자매의 관계처럼 끈끈했기에 세대 차이는 문제가 되지 않았다. 형이나 언니들이 동생들에게 기타도 드럼도 키보드도 가르쳐 주고 때론 목회자 자녀들이 가지는 내적인 갈등도 서로 신뢰와 사랑 속에서 도와주었다. 이렇게 끈끈하게 모이는 공동체를 보지 못했다. 이 영적 공동체를 통해서 그들은 위로를 받았다.

이민 지역에서 수고하는 목사님들의 자녀들을 돕다 보니 세월이 지나 우연한 기회에 그들을 다시 만나게 되면, 감사 인사를 받을 때가 종종 있다.

"그때 도와주신 우리 아들이 변호사가 되었습니다."
"우리 아이가 어느새 커서 엔지니어가 되었습니다."
"우리 딸은 의사가 되어 병원에서 일하고 있습니다."
"그때 그 아이가 외교관이 되었습니다."

"우리 아이는 저와 같은 목사가 되었습니다."

얼마나 감사한 일인가? 쉽지 않은 여건에서 복음을 위해서 헌신하는 목회자의 자녀들을 주님이 특별히 축복해 주신다는 것을 확신했다.

· · · 이민 교회의 연합 수련회

아직 안정되지 않은 교회에서는 여름이나 겨울 수련회 운영이 쉽지 않다. 물론 교회학교에서의 수련회가 아이들의 영적 성장에 매우 중요하다는 것은 안다. 며칠 간이라도 집중해서 말씀을 듣고 기도를 하며 믿음의 친구들과 사랑을 나누면서 신앙의 체험과 기쁨을 맛볼 수 있기 때문이다. 수련회를 통해서 주님의 은혜를 체험하고 신앙생활에서 전환점을 맞이하는 경우가 얼마나 많은가. 어릴 때의 영적 체험은 일생을 좌우하는 복된 경험이다.

우리는 개교회에서 진행하기 힘든 수련회를 여러 교회가 연합하여 가질 수 있도록 물심양면으로 돕기로 했다. 장소도 제공하고 교사도 연결하여 각 교회의 헌신자들과 협력해 수련회를 갖게 했다.

사실 그동안 연합 수련회는 적지 않게 열려 왔다. 보통 규모가 큰 교회가 주도하여 작은 교회 아이들을 모집하여 참여시키는 경우가 많다. 그러다 수련회를 마치면 아이들이 자기 교회로 돌아가지 않고 큰 교회로 흡수되는 사례가 많이 있다.

그러나 우리는 작은 교회끼리 연합하여 함께 수련회를 할 수 있도록 지원하는 형태였기 때문에 이런 일은 일어나지 않았다. 모두가 기뻐하고 감사하며 교회 간에도 아름다운 교제가 이어졌다.

··· 이민 교회에 이중언어 교사를 파송

이민 교회 중에는 상황과 여건이 되지 않아 이중언어를 구사하는 교역자 확보다 어렵다. 그 결과 교육부 어린이가 오더라도 교회에 정착하기가 어렵다. 이런 상황에는 아직은 약한 이민 교회들에게 이중언어를 구사하는 교사를 파송해 주는 것이 가장 현실적인 도움이 될 것으로 여겨졌다.

나성영락교회는 아무래도 이중언어를 구사하는 이들도 더 많고 아직은 교회에서 특별한 부서에서 봉사하지 않는 이들도 많이 있었다. 교인들에게 주변의 연약한 이민 교회의 필요를 설명하고 헌신을 요청했다. 대략 30명 정도의 교사들이 자원해 주었고 주변의 약한 교회와 연결하여 파송식을 가졌다.

파송받은 교사들에게 요청한 내용은 이런 것이다.

1) 섬기는 교회에서 나성영락교회나 교회의 교육부 이야기를 절대 하지 말 것
2) 파송받은 교회 목사님의 뜻에 철저히 순종할 것

3) 혹시라도 목사님이 그만 섬겨 줘도 좋다고 하면 즉시 복귀할 것

4) 파송받은 교회 교육부가 자립할 수 있도록 최선을 다할 것

파송받은 교사들은 사명감을 가지고 최선을 다했다. 물론 이 일이 쉬운 것은 아니다. 교사가 여러 명 있는 교회라면 협력하며 다양한 사역도 가능하지만, 약한 교회들은 그렇지 못하다. 한마디로 열악한 환경이다. 그런데도 이 일을 계속하는 중에 두 개 교회에서 아이들이 정착하고 교역자를 모셔 왔다는 좋은 결과를 알려 주었다.

큰 교회든 작은 교회든 분명한 것은 모두가 주님의 교회라는 것이다. 약한 지체가 때로는 더 중요한 역할을 하는 것처럼, 교회 역시 크기나 규모를 가치 기준으로 삼아서는 안 된다고 생각한다.

다만 지체가 서로 연결되어 있을 때 모두에게 축복이 되는 것처럼, 서로를 돕는 것이 모두에게 축복이 되고 궁극적으로 이 땅에 하나님의 나라가 이루어지는 것이다.

Chapter **14**...

영혼 구원의 감격이 있는
교회입니까

교회는 프로그램도, 조직도, 사업도 아닌 '생명 중심'이어야 한다. 주님이 이 땅에 오신 이유도 죄인들을 구원하시기 위함이었다. 주님은 공생애 기간 동안 한 영혼 한 영혼을 만나시고 치유하시고 용서하시고 사랑을 베풀어 주셨다.

주님은 3년 간의 짧은 사역 기간 동안 위원회 조직을 꾸리시거나 건물을 지으시거나 프로그램을 만들지 않으셨다. 만약 그러한 것들이 가장 중요한 것이었다면 마땅히 그렇게 하셨을 것이다. 하지만 주님은 그러한 것들이 인간을 구원할 수 없음을 아셨다. 그래서 친히 십자가를 지고 구원의 길을 열어 주셨고, 한 영혼 한 영혼이 주님의 사랑의 품에서 구원 얻기를 원하셨다.

모든 교회의 모범이라고 할 수 있는 초대교회를 생각해 보면, 그들은 건물도 조직도 전혀 갖추고 있지 않았다. 그것이 중요하지도 않았다. 그들은 오직 예수님이 성취하신 복음의 능력을 한 영혼 한 영혼에게 전하는 일을 했던 것이다.

반면에 본래 선민으로 선택받은 유대인들은 땅의 모든 족속에게 하나님의 축복을 전하라 하신 하나님의 선택의 목적을 잊어 버리고 자신들이 선택되었다는 사실만을 절대시했다. 그러므로 그들은 이방인과 다른 민족들을 오히려 멸시하고 자신들의 전통을 절대시하므로 하나님의 뜻도 결국 거부하고 말았다.

유대인은 생명 자체를 소중히 여기시는 주님의 뜻을 잃어버리고 자신들의 의에 빠져 잘못된 전통에 집착했다. 그들의 신앙 모습은 주님의 손처럼 사랑으로 다른 이들을 치유하고 품어 주는 모습이 아니라 다른 이들을 향하여 손가락질하며 판단하고 정죄하는 어리석음에 빠지고 말았다.

결국 주님은 유대인들을 폐하고 성령강림과 함께 새 이스라엘 교회를 세우셨다. 이 교회에는 주님의 지상명령이 위탁되어 있다.

예수께서 나아와 말씀하여 이르시되 하늘과 땅의 모든 권세를 내게 주셨으니 그러므로 너희는 가서 모든 민족을 제자로 삼아 아버지와 아들과 성령의 이름으로 세례를 베풀고 내가 너희에게 분부한 모든 것을 가르쳐 지키게 하라 볼지어다 내가 세상 끝날까지 너희와 항상 함께 있으리라 하시니라 °마 28:18-20
오직 성령이 너희에게 임하시면 너희가 권능을 받고 예루살렘과 온 유대와 사마리아와 땅 끝까지 이르러 내 증인이 되리라 하시니라
°행 1:8

어느 시대 교회에나 주님이 맡기신 사명은 너무나 선명하고 분명하다. 그럼에도 시간이 지나면서 지상명령보다는 전통에, 한 영혼보다는 조직과 직책에 더 집중하면서 교회는 지난날 유대인들의 길을 걷는 것이 아닌가 염려된다.

교회는 늘 천하보다 귀한 영혼 구원에 집중하여야만 한다. 물론

이 사명이 쉽다거나 재미가 있다는 뜻은 아니다. 그러나 교회의 이 같은 본질을 잃는다면 그 어떤 것을 통하여도, 내가 보람 있고 재미 있는 것을 위하여 열심히 헌신한다 하더라도 참된 가치가 되지 못한다. 교회는 늘 생명 중심, 구원 중심이어야 한다.

목사 안수를 받고 유학을 떠나기 바로 전에 노량진교회에서 잠시 사역했다. 교회가 한강 대교 건너편 언덕에 있는데, 어느 날 한 청년이 교회로 찾아 들었다. 얼굴이 너무 창백해서 섬뜩한 느낌까지 들었다.

그는 분명 무엇인가 도움을 받기 위해서 교회에 들어온 것 같은데 아무런 이야기도 하지 않았다. 그 청년을 조용한 방으로 인도하고 "무엇이든지 말씀하시면 기도해 드리겠습니다"라고 말한 후에 마음을 열수 있도록 기다려 주었다. 한참이나 침묵하던 그 청년이 "나 같은 사람도 용서 받을 수 있을까요?"라고 입을 열었다. 그 청년 나름대로 감당하기 어려운 큰 죄책감에 시달리면서 매일 한강 다리를 건너갔다 건너오기를 사흘째 반복하고 있다고 했다. 막상 몸을 던지려 하니 그것도 쉽지 않았다고 한다. 그러던 순간 언덕 위에 십자가가 보였고, 무작정 교회를 찾아왔다는 것이다.

그 청년에게 "우리 주님께는 용서하지 못할 죄가 없습니다"라는 사실을 알려 주었다. 이어서 "당신뿐 아니라 우리 모두는 죄인이며, 주님은 죄인 된 우리를 구원하시기 위해서 이 땅에 찾아오셨습니다. 주님은 우리가 받을 죄의 형벌을 대신 받으시고 십자가에 달려 죽으셨으며, 그 희생적 죽음으로 우리의 죄를 대속하셨습니다"
라는 복음의 핵심을 나누었다. 그리고 예수님을 믿는 모든 이들에
게 죄사함과 구원과 영생이 선물로 주어진다는 사실을 성경 말씀을
함께 찾아 읽으며 알려 주었고, 주님을 믿을 것을 권했다. 청년은 복
음을 듣고 예수님을 마음속에 영접했다. 그 창백했던 얼굴에 혈색
이 돌아오고 평안의 빛이 회복되는 것을 보았다.

　　그때 내 마음속에 교회는 세상 가까이에 존재해야 하며 삶의 현
장 가까이에 위치하여 누구든지 찾아 들어올 수 있도록 해야 한다
는 사실이 깊숙하게 들어왔다. 세상에서 좌절하고 절망하는 그 어
떤 사람들도 찾아 들어올 수 있도록 교회의 문을 열고 결코 문턱을
높이지 말아야 한다는 것을 깊이 깨달았다.

　　그러한 경험 후에 미국으로 유학을 떠났다. 유학 중에 주말에는
이민 교회에 나가서 목회를 돕곤 했다. 그런데 한 교우가 주일예배
를 마치면 제일 먼저 예배당을 나서서 건물 뒤쪽으로 가는 것을 보
았다. 담배를 피우는 분이었다. 그런데 주변 교우들이 그 사람에게
이러면 안된다고 지적하니 결국 그다음엔 아예 교회에 나오지 않게
되었다. 이미 닫힌 마음은 쉽게 열리지 않았다. 내 마음에도 너무나
큰 아쉬움으로 남아 있다.

　　사실 보기 나름 아닌가? 저렇게 1시간도 담배를 참지 못하는 사
람이 교회에까지 나와서 예배를 드렸으니, 얼마나 귀한 일인가? 믿
는 우리가 조금 기다려 줄 수는 없었던 걸까? 교회는 세상의 모든

나쁜 습관을 다 끊고 나와야 하는 곳이 아니다. 모든 죄악을 다 해결하고 의로워져야만 올 수 있는 곳도 아니다.

죄 있는 자들에게 방황치 말고 오라고 부르시는 분이 우리 예수님이신데 우리가 문턱을 높이고 아직 믿지 않는 이들에 대하여 마치 입학 시험을 주관하려고 하는 것은 아닌가? 우리의 마음 자세가 생명 중심의 가치로 초점이 바뀔 필요가 있다.

⋯ 하나님 앞에 섰을 때 뭐라고 하겠는가

목회를 시작하고 놀랍게 발견한 것은 오래 교회를 다니고 교회의 중직을 맡고 있는 교우들 중에도 구원의 확신, 천국에 대한 확신이 없는 이들이 너무나 많다는 사실이었다. 나에겐 충격이었다. 교회라는 환경을 떠나서는 삶을 설명할 수 없을 정도로 교회 중심으로 살아온 이들도 예외가 아니라는 사실이 충격적이었다. 왜일까?

목회자로서 고민하지 않을 수 없었다.

35년의 담임목회 중에서 교우 한 사람 한 사람에게 가장 열정을 쏟아부었던 곳은 역시 개척해서 12년 반을 목회했던 아름다운교회일 것이다. 개척을 했기에 처음부터 대형교회가 아니었고, 한 가정 한 가정 모두 심방하며 교우로 받아들였다. 그래서 모든 교우와 개인적인 친밀함을 유지할 수 있었다.

교회가 성장해 가면서 발견한 또 한 가지는 오랫동안 함께 섬겨온 교우들 중에서 소위 '텃새'를 부리는 이들이 생긴다는 것이다. 물론 대다수는 그렇지 않다. 어쩌다 한 분씩 나중에 온 사람들에게 지시적이거나 힘을 과시하려는 교우가 생겼다.

이성적으로는 오랜 세월 함께 생활해 왔으면 목회자가 추구하는 가치를 누구보다 잘 이해하고 신앙적으로 더 성숙해져야 할 텐데 현실은 그렇지 않았다. 그야말로 '기득권자'가 되어 가고 있었던 것이다. 주님의 은혜 안에서 자라 가기 보다는 교회라는 조직에서 자라 가고 있는 것이다. 주님을 머리로 한 영적인 지체 안에서 자라기 보다는 교회라는 조직에서 높아지기를 추구하고 있는 것이다.

왜일까? 생명 가치에서 멀어지기 때문이다. 교회가 자라 갈수록 영혼을 돌보기보다 그 조직에서 인정받고 높아지려고 하기 때문이다.

실제적인 목회 현장에서 깨닫게 되는 것은 주님과의 인격적인 만남이 없다면 영적으로 변화되거나 성장하기 어렵다는 점이다. 이런 경우 아무리 교회 생활에 익숙해져도 복음의 핵심인 회개의 경험, 구원의 확신 또는 천국에 대한 확신들이 저절로 생기는 것이 아니다. 실제로 교회 생활에 익숙한 것을 믿음이 좋은 것이라고 착각하는 교우들이 너무나 많았다.

주님과의 인격적인 만남이 잘 이루어지지 않는 것은 복음에 대해서 불확실하기 때문이다. 복음에 대하여 불확실한 이유는 우리를 향하신 주님의 약속을 잘 알지 못하기 때문이고, 따라서 주님과의 인격적인 만남을 이루지 못했기 때문이다.

말씀과 관계없는 종교적인 체험들도 결코 영원할 수가 없고 개인적인 감정도 체험도 늘 변하는 것들일 뿐이다. 그러므로 말씀에 근거하지 않은 개인적 체험에서는 결코 구원의 확신을 얻을 수 없다.

목회를 시작하면서 이런 상상을 종종 하게 되었다. 한 사람이 천국에서 주님을 만났는데 주님이 "나는 너 모른다!" 하는 것이다. 그래서 이 사람이 너무나 놀라서는, "제가 평생 교회를 다니고 중직자로 열심히 섬겼습니다"라고 자신을 변호한다. 그때 주님이 되묻기를 "어느 교회 다녔는데? 거기 목사가 누구였느냐?" 하시는 것이다. 그가 말한다.

"우리 교회 담임목사가 림형천 목사였습니다."

이런 상상을 하면 식은땀이 난다. 구원을 얻는 것은 한 영혼에 있어서 가장 중요한 일이며 한 영혼 한 영혼이 말씀을 통하여 주님을 만나고 거듭나서 구원을 얻는 것은 교회의 가장 중요한 사명이다. 그럼에도 교우들에게 말씀에 근거한 구원의 약속을 전하지 않고 개인의 주관적인 감정과 체험에, 그리고 무조건적인 봉사에 의지하게 한다면, 상상 속 천국에서의 아찔한 상황이 현실이 될 가능성이 매우 높아지는 것이다.

구원은 개개인이 알아서 해결해야 하는 문제인가? 절대 그렇지 않다. 우리는 그동안 세례를 권면할 때도 "때가 되면 받는 거야" 하고, 믿음에 대한 확신이 없다고 할 때도 "세례를 받으면 믿음이 생길 거야" 하고 조언하지 않았던가? 교회에서 준비시키는 세례 교육도 대략 문답 질문에 이렇게 답하라고 가르치는 사전 교육은 아니었던가?

우리 모두의 인생에 대한 진정한 평가는 하나님 앞에 섰을 때 이루어진다고 믿는다. 목회자는 어떨까? 주님이 불러 주시고 세워 주시고 맡겨 주신 일이 곧 인생의 소명이기에 그때 주님이 어떻게 평가하실까 하는 사실을 결코 잊어버리면 안 된다.

··· 매주 세례를 베푸는 교회

교회를 개척하고 목회 초기부터 세례받지 않은 이들을 일주일에 한 번씩 6주 동안 우리 집으로 초대하여 복음이 무엇인지 말씀을 함께 찾아보고 그 뜻을 풀어 주었다.

왜 하나님 앞에서 우리는 죄인인지, 왜 예수님이 이 땅에 오셨고 십자가를 지셨는지, 왜 예수님을 믿는 자만이 구원을 얻는지, 과연 죽음이 끝인지, 천국이 존재하는지 일일이 성경을 통하여 답을 찾아 나갔다. 성경 속에서 하나님의 약속이 무엇인지를 찾아보면서 복음의 의미를 나누었다. 그리고 마지막 주에는 세례식을 했다. 그렇게 하다 보니 우리 교회가 '매주 세례를 베푸는 교회'가 되었다.

입교하는 이들이 세례를 받을 때 교회 앞에서 간증을 하게 했다. 간증이 부담스러워 세례를 받지 않겠다는 이들도 많았다. 그러면 안 해도 괜찮다고 했다. 그런데 놀라운 사실은, 6주 동안 성경을 직접 찾아보고 함께 공부한 후에는 거의 모든 분이 자발적으로 간증을 한다는 사실이다.

왜일까? 영적인 깨달음이 있고 따라서 고백하고 싶은 감격이 생겨나기 때문이다. 한 사람 한 사람이 간증할 때 온 교회는 동일한 감동에 함께 동참하게 된다. 복음의 능력이 얼마나 귀한 것인지를 늘 새롭게 듣는다.

자신이 죄인인 줄 모르고 살다가 진정으로 회개하는 교우, 모태 신앙인으로 구원의 확신이 없었던 교우, 나이가 많이 들어 주님을 만난 것을 너무나 안타까워하는 교우, 오랜 세월 방황하는 삶을 살다가 비로소 돌아와서 어머니의 기도를 기억하며 눈물을 흘리는 교우. 모든 교우가 너무나 다양한 삶의 현실 속에서 주님을 만난다. 이를 통해 온 교회가 감사하고 함께 기뻐한다.

주님을 만나는 개개인의 영적 경험이 공동체 안에서 나뉘어 질 때 온 교우가 복음의 소중함과 능력을 경험하며 놀라운 은혜를 경험하게 된다. 세례받는 이들이 많아질수록 온 교회는 복음의 능력을 더 깊게 경험하고 한 생명 한 생명이 얼마나 소중한지를 깨달아 알게 되는 이유이다.

성경에는 천국의 기쁨이 기록되어 있다.

내가 너희에게 이르노니 이와 같이 죄인 한 사람이 회개하면
하늘에서는 회개할 것 없는 의인 아흔아홉으로 말미암아 기뻐하는
것보다 더하리라 ˚눅 15:7

우리 교회는 천국의 기쁨, 주님의 기쁨이 있는가? 너무나 중요한 질문이다. 교회 생활에 익숙해지는 것으로 기득권자가 되어 가고 높아지려는 욕구에 빠지는 경우는 영성의 핵심이 생명 중심이 아니기 때문이다. 영혼의 소중함이 빠져 있는 교회는 인간적 조직에 불과하고 주님을 섬기거나 지체를 섬기기보다는 자기 자신을 섬기게 된다. 목적을 잃어버렸기 때문이다. 이러한 점에서 생명 중심의 가치를 속히 회복해야 한다.

잘못 생각하면 교회를 발전시키기 위해서 현대적 방법을 동원해야 하고, 남들이 하지 않는 특별한 프로그램을 운영해야 한다고 생각하는 이들도 있다. 아무리 해도 공허할 뿐이다. 복음의 핵심이 빠지고 구원받는 영혼이 별로 없다면 우리끼리 좋아하고 서로를 훈

련하는 일에 무슨 칭찬이 있을까? 천국의 기쁨이 우리의 기쁨이 되어야 한다.

··· 한 생명을 위한 양육 시스템

교회의 규모가 큰 교회는 양육 시스템을 체계화하므로 먼저 믿은 이들이 다음에 오는 이들에게 복음을 전할 수 있도록 도와야 한다. 그래야 더 많은 사람이 복음을 접하게 되고 모든 교인이 양육을 통하여 복음의 소중함을 경험하게 된다.

이러한 점에서 양육 시스템을 5단계로 구성했다. 물론 양육을 하려면 특정한 단계를 만들어야 한다는 뜻은 결코 아니다. 더 많은 사람이 생명을 책임지고 받은 은혜를 나누게 하면 된다.

1단계: 새생명의 삶(성경공부)
2단계: BCAD 수련회(토요일 6시간 정도)
3단계: 성화의 삶(성경공부)
4단계: LT 수련회(토요일 6시간 정도)
5단계: 지도자의 삶(성경공부)

성경공부 : 1:1 또는 부부의 경우 2:2 양육을 기본으로 진행한다. 1, 3, 5단계 성경공부는 각각 8과의 주제로 구성되어 있어서 일주일에 한 번은 만나도록 권한다.
수련회 : 각 성경공부 사이에 수련회를 마련한다. 주로 토요일에 5시간 정도

모임을 갖는다. 한 끼의 식사를 함께한 후에, 바로 전 단계에서 나누었던 성경의 주요 주제를 다시 확인한다.

BCAD 수련회 : 구원의 확신과 성화라는 두 가지 주제를 다룬다. BCAD는 기원전과 기원후를 가르치는 표현으로 주님을 만나기 전과 후라는 의미를 담고 있다.

LT(Leadership Training) 수련회 : 교회 지도자들이 갖추어야 할 요소들에 대하여 다양한 방법으로 경험하게 한다. LT 수련회에서는 3C, 즉 성품(Character), 공동체(Community), 십자가/헌신(Cross)을 주제로 다룬다.

교회에서 문제가 발생하는 이유는 대부분 서로를 제대로 이해하지 못하기 때문이다. 신학적인 이유는 성경 지식에 관한 것이라기 보다는 서로 다른 점들을 바르게 이해하지 못하는 데서 발생한다. 이러한 점에서 각자에게 주신 성품들을 서로 이해하는 것이 필요하다. 다름은 틀림이 아니라 하나님이 허락해 주신 소중한 요소를 보게 하는 데 목적이 있다. 교회의 리더가 되려면 나를 넘어서서 공동체를 이해하고 그 공동체에 속한 나를 발견하는 것이 중요하다. 성품과 공동체를 이해하더라고 결국은 십자가를 질 수 있느냐가 가장 중요하다.

··· 양육 시스템의 유익

양육 시스템을 갖추었을 때에 유익한 점이 있다. 모든 교인이 양육 시스템을 통해 은혜를 경험할 수 있다. 양육 시스템은 초신자들만을 위한 과정이 아니라 모든 교인이 참여하는 과정이 되어야 한다. 이미 믿은 이들은 말씀을 통하여 복음의 핵심을 다시 찾아보고 자신의 믿음을 재정립하는 과정을 밟는 것이다. 또한 이렇게 양육의 과정을 밟은 이들이 초신자나 새로운 교인들을 양육할 수 있다. 모든 교인이 영적인 일에 동참하며 기쁨과 보람을 경험하게 된다.

양육 시스템은 누구든지 내가 받은 은혜와 복음 그리고 구원의 감격을 다른 사람들과 나누게 하는 과정이다. 양육 시스템은 믿음이 좋은 사람이 그렇지 않은 사람을, 또는 지식이 있는 사람이 없는 사람을 가르치는 과정이 아니다. 모두가 하나님의 말씀과 약속 앞에서 그 말씀 중심으로 은혜와 삶과 기도를 나누는 과정인 것이다.

이 점에서 5단계 양육 시스템은 소위 제자훈련식과는 매우 다르다. 제자훈련은 양육자가 피양육자에게 교사와 같은 위치를 부여하지만 5단계 양육 시스템은 먼저 받은 은혜를 나누는 섬김의 과정이 된다. 이러한 정신으로 1단계, 3단계, 5단계로 구성된 성경공부 과정에서 한 번 이상 같은 대상과 함께하지 않는다. 양육자나 피양육자는 모든 과정에서 서로 다른 이들이 만나 말씀을 나누고 은혜를 나눈다. 철저히 섬김의 과정으로 이루어진다.

양육 시스템이 있으면 양육이 학원식이 아니라 매우 개인적인 과정이 될 수 있다. 보통 목회자들이 1년에 2-3차례 세례자 교육을 하는 것을 생각해 보면 이것은 학원식 교육이다. 즉 성경에 관한 지식을 전달하는 것이다. 이 과정에서 나 자신의 신앙적 고민이나 간증을 나눌 여지가 전혀 없다.

하지만 1대 1 또는 2대 2로 성경을 찾아보고 대화를 나누고 기도하는 과정에서는 개개인의 영적인 고민이나 감동을 나누게 되며 매우 풍성한 은혜를 나눌 수 있다. 즉 개별적이고 고백적인 은혜를 공유하게 되는 것이다. 이 과정에서 한 영혼 한 영혼을 사랑하게 되고 서로를 위해서 진심으로 기도하게 된다. 즉 영혼과 영혼이 만나게 되는 것이다. 양육을 받는 이나 하는 이나 같은 은혜를 받고 함께 성장하는 이유이다.

양육 시스템이 잘 운용될 때 온 교회의 영적인 성숙도가 점점 높아진다. 영적인 만남들이 지속적으로 이어지기 때문이다. 한 영혼의 구원을 위하여 애쓰며 그들을 위하여 기도할 때 그 영혼이 구원에 이르는 경험을 나눈 이들은 믿음이 쉽게 세속화되지 않는다.

주님의 관점으로 볼 때 영혼보다 중요한 것은 없다.

사람이 만일 온 천하를 얻고도 제 목숨을 잃으면 무엇이 유익하리요
사람이 무엇을 주고 제 목숨과 바꾸겠느냐 °마 16:26

이런 주님의 마음을 배우게 될 때 조직에서 기득권자가 되고 높은 자리를 얻어야 하고 유명해져야 하는 등의 가치는 중요한 것이 아님을 자연스럽게 알게 된다. 영혼의 가치보다 아름답고 밝고 귀

한 것은 없기 때문이다. 주님의 십자가를 통해서 알게 해주신 가치이다.

양육 시스템이 잘 운용될 때 구원을 확신하는 이들이 점점 많아지게 되고 어떠한 환경에서도 흔들리지 않는 믿음을 얻는 이가 많아진다. 이 사실이 너무나 중요하다. 앞에서 이야기했던 것처럼 오랫동안 교회를 다닌 너무나 많은 교우가 구원의 확신이 없다는 사실을 발견하면 목회자로서 깊은 고민에 빠지게 된다.

돌아보면 그동안 수많은 한국 교회의 세례 교육은 형식적인 부분이 있었다. 출석만 하면 되고, 세례 문답도 하나님의 말씀에 근거하여 '내가 진정 죄인인가?' '진정 내게 예수 그리스도가 필요한가?'라는 질문조차 불분명한 상태로 세례를 받는다. 그러니 세례를 받고 수십 년간 교회를 다녀도 구원의 확신이 없는 것이다.

구원의 확신이라는 것을 어떤 형식에 맞추어서 어떤 대답을 해야 한다는 의미는 결코 아니다. 평생 예수님을 믿노라 하고 교회를 다녔는데 예수님을 인격적으로 만나지 못하고 예수님이 과연 내 인생에 무엇을 의미하는지조차도 불확실하다면 그 믿음은 가장 중요한 핵심이 빠져 있다는 뜻이다.

우리는 구원의 확신을 오직 말씀을 통하여 얻을 수 있다. 그것만이 우리에게 주시는 하나님의 약속이요, 그 약속은 변치 않는 것이다. 각자가 경험하는 체험과 꿈도, 헌신과 수고도 늘 변하는 것들이다. 그것들은 구원의 근거가 될 수 없고, 따라서 구원의 확신도 줄 수 없다. 오직 하나님의 약속인 말씀에 근거한 확신이 내 믿음의 근거가 될 때 개별적 체험도, 지식도 건강하게 받아들여지고 소화될 수 있다.

구원의 확신이 없는데 과연 십자가를 질 수 있을까? 세상의 유혹과 도전을 이겨 낼 수 있을까? 결코 그럴 수 없다. 초대교회 교인들이 거대한 로마제국의 박해 속에서도 흔들리지 않고 그것을 이겨갈 수 있었던 이유가 무엇일까? 그들은 제도도 조직도 심지어 건물도 없었지만, 예수 그리스도를 진정으로 고백하고 주님이 주시는 구원의 확신을 소유하였기 때문이다.

이러한 결과로 꾸준히 더 많은 교인이 세례를 받게 되고 교회는 구원받은 영혼이 날마다 더해 가는 실제적인 감동을 경험하게 된다. '매 주일 세례를 베푸는 교회'라는 사실이 온 교인의 영적 생활의 방향성을 확실하게 해 준다.

한국 교회는 세계 교회들과 비교할 때 너무나 바쁘고 분주한 편이다. 성경공부나 프로그램도 많다. 문제는 그 결과가 그렇게 긍정적이지 않다는 것이다. 그 이유는 주님이 기뻐하시고 원하시는 일에 집중하기 보다는 프로그램이나 성경공부 자체에 집중하다 보니 목적을 잃어버리기 때문이다.

양육이 조용히 이루어져도 그 결과 세례 받는 이가 늘고 양육받는 이도 늘어날 때, 교회에는 제도나 외적 크기가 아니라 한 영혼이 중요하다는 사실을 경험한다. 한 영혼을 살리는 복음의 능력을 고백하게 된다. 이것이 매 주일 세례를 베푸는 이유이다.

예배당에 들어가면 곳곳에서 말씀을 펴 놓고 양육하고 있는 교우들을 본다. 매 주일 베푸는 세례를 통하여 구원의 감격이 온 교회에서 전해지기도 한다. 세례 받고 함께 기뻐하며 눈물 흘리는 가족들을 볼 때, 무엇보다도 복음을 듣고 그들의 삶이 변화되는 모습을 보게 될 때 온 교회는 초대교회의 감격을 회복하게 되는 것이다. 이러한 감격은 어떤 프로그램으로도 대체할 수 없는 기쁨이다.

··· 진정한 교회의 크기

교회의 크기는 예배당의 크기나 교회 예산 또는 회집 인원의 크기가 결코 아니다. 내가 믿기는, 교회의 진정한 크기는 두 가지로 판단할 수 있다. 첫째는 구원받은 이들의 숫자이다. 우리 한국 교회에 대형교회가 많은 이유는 사실 아파트로 형성되는 신도시라는 도시 환경 때문이라고 할 수 있다. 이러한 도시 환경을 가지고 있는 나라는 별로 많지 않다. 미국에서 목회할 때 보면 교인들이 대부분 3-40분 정도 차를 몰고 와야 한다. 우리나라처럼 거주지역이 밀집되어 있지 않기 때문이다. 이러한 환경에서 수만 명이 모이는 것은 대단히 어려운 일이다.

아파트 지역에 세워진 큰 교회들이 나쁘다는 뜻은 결코 아니다. 다만 단순히 많이 모이는 것 자체를 목회적 성공이라고 보는 것은 중요한 부분을 놓치게 만들기에 언급하는 것이다. 아파트로 형성되는 신도시에서는 전도해서 믿는 사람들이 생겨나기 보다는 수평이 동이 대부분이다. 단지가 클수록, 또는 주차 시설을 크게 가지고 있는 교회일수록 짧은 시간 내에 새가족이 더 많이 늘어난다.

교인은 많이 늘어나는데 세례받은 사람들은 상대적으로 늘어나지 않는다면 진정한 성장이라고 볼 수 있을까? 내 교회가 커질 때 상대적으로 다른 교회들은 줄어들고 있는 것이 아닌가? 정말 중요한 것은 믿지 않는 사람들이 교회로 나오는 것이고 세례를 받는 사람들이 날마다 더해야 하는 것이다. 이것이 바로 박해도 이겨 내고 로마제국도 변화시킨 초대교회의 모습이 아닐까?

처음으로 교회를 개척했을 때 이런 일을 경험했다. 아무 연고도 없는 곳에서 교회를 개척하고 아무도 오지 않는 상황에서 매일 새벽기도회를 인도할 때 새신자가 한 사람이 오면 얼마나 힘이 났는지 모른다. 똑같이 열심히 기도하며 설교를 준비해도 새로운 교우가 한 명 더 오면 힘이 나고 감격스러웠다. 그러고 보면 교회가 작을 때 훨씬 더 한 영혼의 가치를 바르게 느끼는 것 같다.

그렇게 교회가 성장하던 중에, 한번은 어느 교우가 내게 귀띔을 해주었다.

"목사님, 어느 교회에서 분규가 생겨서 난리 났어요."

겉으로는 내색하지 않았지만 속으로는 '우리 교회로 좀 오겠구나' 하는 생각이 들었다. 그날 밤 기도시간에 성령께서 강하게 책망

하시는 것을 느꼈다. 내게 이렇게 물으셨다.

"네가 개척한 교회는 누구의 교회냐?"

"주님의 교회입니다."

"지금 분규가 나서 고통 중에 있는 교회는 누구의 교회냐?"

"주님의 교회입니다."

"그런데 너는 어떻게 분규난 교회를 기뻐하느냐? 그 정도의 영적 수준이면 목회를 그만두어라!"

그날 밤, 주님 앞에 철저히 회개했다.

숫자만 보는 목회의 수준은 정말 너무나 낮은 수준의 목회다. 목회 초창기의 이 경험이 일생 목회에 큰 도움이 되었다. 주님의 마음을 생각하며 내 교회에 오는 이들을 생각하자고 마음먹었다. 숫자가 늘어난다고 해서 그게 성장이라고 바라보던 생각도 완전히 없애 버렸다.

둘째는, 나누는 크기이다. 진정 큰 교회라면 모이는 크기보다 흩어지는 크기가 커야 하고, 모은 크기보다 나눈 크기가 커야 한다. 교회는 크기와 쌓아 놓은 것으로 가치를 매기지 않는다. 교회는 잘 나누어야 한다. 그래야 사랑도 나뉘고 예수님이 전해질 수 있다. 우리가 늘 이야기하듯이, 갈릴리 호수에는 수많은 물고기가 살아가지만, 사해에는 아무런 생명체가 살아가지 못한다. 갈릴리 호수는 들어오는 물과 흘려보내는 물이 함께 있지만 사해는 흘려보내는 물이 없기 때문이다.

하나님이 우리에게 주시는 것들은 잘 사용하라는 목적이 있다. 그것들을 제대로 사용하지 않으면 축복이 심판의 이유가 될 수 있다. 마치 더 거두어 놓은 만나에 벌레가 나는 것과 같다.

텍사스 지역에는 유전이 무척 많다. 어느 교회의 주차장에서 유전이 터졌단다. 온 교회에 축제가 벌어졌다. 그들은 하나같이 "하나님이 이렇게 우리를 사랑하시고 축복하셨다!"라고 고백하며 찬양했다. 그다음에 어떻게 할까를 의논하기 위하여 공동회의가 열렸다. 의견을 모으는 것이 대단히 쉽지 않았다. 오랜 시간 토론을 걸쳐서 다음과 같은 결론에 도달했다.

첫째, 기름을 부지런히 파낸다.
둘째, 수익금을 모든 교인이 균등하게 분배한다.
셋째, 더 이상 새가족은 받지 않는다.

진정한 하나님의 축복이 무엇일까? 남들보다 내가 더 누리는 것을 축복이라고 할 수 있을까? 세상에서는 당연히 그렇게 여긴다. 하지만 하나님이도 그것을 축복이라고 여기실까? 라오디게아 교회는 명실공히 부자 교회였다. 하지만 주님은 그들의 빈궁함과 벌거벗음을 보고 계셨다.

축복에는 늘 사명이 주어진다. 축복에는 소유 이전에 목적이 있기 때문이다. 조금 앞에서 언급한 신도시 대형교회의 경우, 대형교회가 되었다는 것 자체가 잘못이 아니다. 그것 자체로 성공이라고 여기는 것이 문제다. 하나님이 우리 교회를 크게 자라게 하신 목적을 생각하고 지역에서부터 어떻게 하면 주님의 사랑을 잘 나눌까를 연구하면 좋겠다. 그것이 키워 주신 이유이기 때문이다. 진정한 교회의 크기는 분명 모이는 크기보다 나누는 크기이다.

Chapter 15...

목회에
지혜가 필요합니다

: 림형천 목사가 전하는 목회수업 BEST ADVICE

2009년에 웨스트민스터존녹스(Westminster John Knox Press) 출판사에서 *"Best Advice: Wisdom on Ministry from 30 Leading Pastors and Preachers"*(BEST ADVICE:30명의 목회자와 설교가로부터 듣는 최고의 목회의 지혜)라는 책을 출판했다. 당시 피츠버그 신학교 총장이며 설교학 교수였던 윌리엄 칼 3세(William J .Carl III)가 편집자로 전 미국에서 가장 탁월한 설교와 목회 분야 교수들과 목회자들을 선정했다.

그때 나도 칼 총장으로부터 연락을 받았다. 그는 내게 이 책의 필자가 되어 달라고 요청했다. 이 분야에 학계나 교계에서 가장 대표적으로 인정받는 교수와 목회자들이 필자로 선정되었기에 처음에는 정중하게 사양했다. 하지만 또다시 요청이 왔을 때는 기꺼이 수락했다. 이제는 꽤 많은 한국 이민자가 미국에 살고 있으며, 한인 교회의 위상을 고려할 때 참여하는 것이 두루두루 유익하다고 판단하였기 때문이다.

그 내용들이 곧 내 목회와 설교의 철학을 표현하고 있기에 이 책에도 소개한다.

··· 네가 나를 사랑하느냐

믿음의 공동체를 이끌어 가는 데 목사와 설교자의 역할은 절대적으로 중요하다. 믿음의 공동체가 영적으로 강하게 성장하느냐 여부는 지도자가 선택한 방향과 결정에 달려 있다. 목사와 설교자가 영적으로 민감하게 깨어 있지 않으면, 교회가 영적으로 자라 가는 것은 기대하기 어렵다. 미국에 있는 한국인 교회를 목회하면서 효율적인 목회를 위해 무엇을 해야 할지 늘 고민해 왔다. 목회자와 설교자들에게 무슨 조언을 할 수 있을지 생각해 보면, 바로 나 자신이 목회 현장에서 가졌던 질문과 그에 대한 응답이 최선일 것이다.

··· 소명에 대하여:
양들을 사랑하느냐, 주님을 사랑하느냐

목회자와 설교자들에게 줄 수 있는 최고의 가르침 중 하나는 요한복음 21장에서 배울 수 있다. 부활하신 주님은 디베랴 바다에서 시몬 베드로에게 나타나시고 사역을 위해 그를 회복시키셨다. 부활하신 주님을 만난 후에도 베드로가 어부로 돌아가기로 했다는 사실은 그의 내면에 갈등이 있었음을 보여 준다. 자신의 말을 스스로 지키지 못한 데 대한 실망감, 주님을 부인한 일에 대한 죄책감과 실패감, 제자로서 불투명한 미래에 대한 의문들, 남들이 자기를 어떻게 생각할까에 대한 두려움과 무력감 등으로 씨름했을 것이다.

실제로 목회 현장에서 목회자들도 시몬 베드로와 마찬가지로 실망감, 부끄러움, 패배감, 불확실성, 두려움과 무력감을 경험한다. 베드로가 절망의 바닷가에서 방황하고 있을 때, 주님이 그에게 찾아와 물으셨다. "네가 나를 사랑하느냐?" 그러고는 "내 양을 먹이라"

라고 말씀하심으로써 베드로가 다시 사역을 감당할 수 있도록 회복시켜 주셨다.

이 대화는 사실 매우 비논리적이다. 주님이 베드로에게 먼저 "네가 '내 양'을 사랑하느냐?"라고 물으시고 "'내 양'을 먹이라"라고 말씀하셨다면, 그것은 훨씬 이해하기 쉬웠을 것이다. 그러나 주님은 "네가 '나'를 사랑하느냐?"라고 물으시고 "'내 양'을 먹이라"라고 말씀하셨다. 하지만 모순처럼 보이는 이 대화는 우리가 베드로와 비슷한 감정을 느끼고 있을 때 소명과 희망이 참으로 무엇을 의미하는지 알려 준다. 이 대화는 주님을 섬기는 모든 이에게 '가장 중요한 것은 예수 그리스도와의 관계'라는 것을 상기시켜 준다.

주님을 사랑하는 것이 양들을 사랑하는 것보다 앞서는 일이다. 물론 양을 사랑하는 것은 중요하다. 하지만 양들을 사랑하는 것이 주님을 사랑하는 것보다 앞선다면 모든 사역의 영역에서 실패할 수 있다. 사역이 그 목적과 동떨어져 버리기 때문이다. 양들을 사랑하는 것이 가장 우선적이라면 사역을 계속하기가 어렵다. 양들을 사랑하는 것은 대단히 어려운 일이다. 양들이 더 이상 사랑스럽지 않다면 목회자는 그들의 목자가 되기를 포기하고픈 유혹에 빠질 수 있다. 진정한 목회 그리고 지속적인 목회는 양들보다 주님을 사랑할 때 비로소 가능해진다. 양들을 사랑할 수 있는 힘이 바로 주님을 사랑하는 데서 오기 때문이다.

말하는 자인가, 듣는 자인가

대부분의 사람들은 설교자를 하나님의 말씀을 말하는 자로 이해한다. 하지만 실제로 설교자는 하나님의 말씀을 먼저 '듣는' 자다. 설교자로 부름받는 이들은 하나님의 말씀을 선포하도록 하나님으로부터 위임받은 것이다. 설교자가 먼저 하나님의 말씀을 듣지 않는다면, 그의 설교는 하나님의 능력을 나타낼 수 없다.

하나님의 말씀을 먼저 듣지 않고 선포하는 일은 거짓 선지자들이 행하던 일이다. 그러므로 설교자들은 듣는 훈련을 잘해야 한다. 다양한 방법들이 설교자들의 듣기 능력을 개발하는 데 도움이 된다. 첫째, 성경을 자신에게 주어지는 양식으로 읽고 묵상해야 한다. 둘째, 주어진 문화와 사회적 환경 속에서 성경을 이해하고 그 참뜻을 발견하기 위해 그것을 연구해야 한다. 셋째, 그 말씀에 순종해야 한다. 자신의 삶에 적용하지 않는 설교란 진정성을 잃게 되고 능력이 없기 때문이다. 설교가로서의 역할을 잘 감당하려면, 무엇보다 먼저 적극적으로 말씀을 듣는 자가 되어야 하며, 그 말씀에 순종하여 신실하게 삶을 살아야 한다.

··· 성령의 역사에 대하여:
기술에 의지하는가, 성령에 의지하는가

기도와 묵상을 통해 얻는 지혜는 교육을 위한 컨퍼런스나 세미나를 통해 얻는 지식과 기술보다 훨씬 소중하다. 기술이나 지식이 중요하지 않다는 말이 아니다. 하지만 성령의 도우심 없이 지식과 지혜를 갈망하는 것은 사역에 필요한 변화를 만들어 내지 못한다. 실제로 그것은 교인들로 하여금 하나님의 변화시키는 능력을 경험하지 못하게 할 수도 있다.

설교자가 기도의 삶을 사는 것은 중요하다. 목회에서 영성의 중요성은 아무리 이야기해도 충분하지 않다. 설교자는 기도로 호흡한다. 기도의 삶을 통해 설교자는 그리스도의 마음을 닮아 간다. 한국 기독교의 위대한 전통 중 하나는 1907년경부터 시작된 '새벽기도'다. 대부분의 한국 목회자들은 매일 새벽 5시나 그 이전부터 하루를 시작한다. 어떤 목회자가 이런 불평을 했다고 한다.

"어떤 바보 같은 놈이 이런 전통을 만들었어?"

한 교인이 이렇게 대답했다.

"예수님이 시작하셨는데요!"

기도의 삶은 목회자가 내적인 갈등과 유혹을 이겨 내도록 도와준다. 어떠한 상황에서도 하나님의 임재를 발견하고 말씀의 능력을 의지하여 성령의 인도를 따라갈 수 있도록 해주기 때문이다.

··· 문화에 대하여:
축복인가, 장애물인가

문화란 사람들이 어떻게 살고, 무엇을 생각하고, 무엇을 믿는지 규정한다. 불행히도 문화는 복음을 이해하는 과정에서 장애물이 될 수도 있다. 목회자와 설교자는 그들이 몸담고 살아가는 특정한 문화의 특징을 규정하고 이해하는 데 민감해야 한다. 미국에 사는 한인들을 섬기는 목사로서 나도 끊임없이 문화의 문제를 고민하고 있다.

한국 문화는 유교에 뿌리를 두고 있는데, 이것은 특히 사회적 관계에 큰 영향을 끼친다. 이 체제에서는, 주로 어르신들이나 높은 사람들에게 존경과 경의를 표한다. 기독교가 처음 한국에 들어왔을 때 장로교회가 선교적으로 가장 성공적이었던 이유 중 하나는 '장로'(어르신)라는 개념이 한국인에게 낯설지 않았기 때문이다. 그 사회 안에 이미 문화적으로나 사회적으로 장로가 존재하고 있었던 것이다. 사람들은 교회의 리더십은 인생 경험과 지혜가 많은 연장자들이 감당해야 한다고 믿었다.

하지만 포스트모던 시대에 한국의 장로교회는 새로운 도전에 직면해 있다. 그중 하나는 교회에서 젊은 세대들이 지도자로 섬길 수 있는 기회가 부족하다는 것이다. 오랫동안 나이 많은 세대들이 교회를 대표하고 이끌어 왔기 때문이다. 지난 세월 교회의 성장에 긍정적으로 작용한 교회의 지배 체제가 이제는 한국 교회가 극복해야 하는 가장 어려운 도전 가운데 하나며 일종의 장애물이 되었다.

미국에서 여러 해를 살고 난 뒤에야, 나는 한국 교회가 자신들만의 문화적 이슈들을 좀 더 깊이 살펴보고 평가하기 위해 충분한 시간을 갖지 못했음을 깨달았다. 복음이 문화의 지배를 받아 온 것이다. 그리스도인의 삶의 자세나 관계의 윤리에 대해 성경은 언제나 공평하다. 쌍방에게 똑같이 명령을 주기 때문이다.

나는 한국에서 자라나면서 부모를 공경하라는 설교는 들어 왔지만, 자녀를 노엽게 하지 말라는 설교는 한 번도 들어 본 기억이 없다. 아내가 남편에게 순종해야 한다는 설교는 자주 들었지만, 남편이 그리스도가 교회를 사랑하듯 아내를 사랑해야 한다는 설교는 별로 들어 본 적이 없다. 이것은 연장자나 남성의 권위를 중시하는 유교 문화 때문이다. 분명 성경은 연령이나 성별을 차별하고 있지 않음에도, 교회와 설교자들은 문화적 규범에 얽매여 있다. 목회자나 설교자가 복음에 대해 이해를 가로막는 문화적 장애물들을 극복하지 못한다면, 한국 교회는 계속 성장하기 어려울 것이다.

우리가 어떻게 문화를 바르게 이해하고 판단할 수 있는가? 문화는 어떤 기준으로 평가되어야 하는가? 특정 문화를 서구 문화나 미국 문화의 기준과 비교할 수는 없다. 모든 문화는 나름의 한계가 있기 때문이다. 문화를 바르게 평가하고 비교하는 최선의 방법은 주 예수 그리스도의 눈을 통하는 것이다. 주님의 성육신은 문화를 이해하고 평가하는 가장 좋은 기준이 된다.

예를 들어, 요한복음 13장에 보면 최후의 만찬 자리에서 예수님이 제자들의 발을 씻어 주셨다. 시몬 베드로는 그럴 수 없다며 주님이 발을 씻어 주시는 것을 거부했다. 동아시아 문화의 정황 속에서 이 본문을 읽어 보면, 베드로의 이러한 자세는 버릇이 없거나 잘못된 것이 아니다. 오히려 주님이 자신들의 발을 씻으시게 허용하는 제자들이 잘못된 것이다. 동양인의 관점에서 보면, 이러한 상황을 그대로 받아들이기란 어려운 일이다. 스승을 불명예스럽게 하는 일이기 때문이다. 하지만 예수님은 "내가 너를 씻어 주지 아니하면 네가 나와 상관이 없느니라"(요 13:8)라고 분명히 말씀하셨다. 이 말씀은 인간적인 사랑의 한계를 넘는 주님의 사랑의 깊이를 보여 준다.

문화적으로 적절했던 베드로의 태도는, 결국 그리스도의 아가페적 사랑과 문화의 영향 속에 있는 인간적 사랑의 차이를 보여 준다. 스승이 제자의 발을 씻어 줄 수 없다는 동양적 윤리는, 베드로가 나중에 스승이 된다면 자기도 제자들의 발을 씻어 주지 않겠다는 문화적 한계를 나타낸다. 그리스도의 사랑이 결국 모든 문화적 한계를 변혁시키는 힘인 것이다.

목회자와 설교자들은 현재의 문화를 바르게 이해하고 그 한계와 문제점들을 극복하는 일에 힘을 기울이며, 문화적인 것들에 지배당하지 않도록 저항하며, 복음이 그 역할을 잘 감당할 수 있도록 해야 한다. 복음은 모든 문화를 변혁시킬 수 있는 힘이 있기 때문이다.

 설교자의 역할에 대하여:
전문가인가, 예언자인가

우리의 문화에서는 종종 설교자가 전문가로 인식된다. 법과대학이나 의과대학처럼 신학교도 전문가를 키워 내는 학교(Professional Graduate School)로 구분된다. 대학을 졸업한 후 3년 과정의 신학교를 졸업한 사람들을 전문가로 부르는 것은 자연스러운 일이다. 하지만 목회자들은 전문가로서뿐 아니라 예언자적 설교자가 되어야 한다.

설교자들은 외적인 염려들 때문에 타협하거나 포기하지 말고 하나님의 메시지를 바르게 선포해야 한다. 설교자들은 양들의 목자로서 더 푸른 초장으로 인도하기 위하여 그들을 음침한 골짜기로 인도해 가야 할 때도 있다. 양들을 그들이 알 수 없는 곳으로 인도할 때 분명 거기에는 위험이나 갈등과 고통이 있다. 기억해야 할 것은, 세상이 뭐라 하든 설교자가 주님의 길을 보여 주어야 할 사명을 감당하지 못하면 결국 설교자도 실패하고 믿음의 공동체는 고통을 당하게 된다는 사실이다.

예언자적 설교자란 하나님의 말씀을 바르게 선포하기 위하여 위험을 감수하고 모든 것을 희생할 각오가 되어 있는 사람을 말한다. 예수님은 제자들이 주님을 따라오려거든 기꺼이 십자가를 져야 한다고 말씀하셨다. 설교자가 십자가를 지는 데 앞장서지 않는다면, 남에게 모범이 될 수 없다. 미국에서 목회하면서 부교역자 지원자들을 면접하다 보면, 종종 "내가 해야 할 일의 업무 규정

(Job Description)이 무엇입니까?"라는 질문을 듣는다. 그 질문은 목회에서 할 일과 하지 않을 일의 선을 긋는 것 같아 역설적으로 느껴진다. 섬김이 오로지 고용 계약이나 노동법에 근거한다면, 어떻게 그가 십자가를 질 것이라는 기대를 할 수 있겠는가? 어떻게 목사로서 5리를 함께 가 달라고 요청받을 때 10리를 갈 수 있겠는가? 많은 열매를 맺기 위하여 씨앗은 반드시 죽어야 한다. 목회자와 설교자들은 기꺼이 희생적인 삶을 살아야 한다. 전문가를 넘어서, 말씀을 위하여 생명을 내거는 예언자적 삶이 있어야 한다.

··· 목회의 자세에 대하여:
생존인가, 부흥인가

목회자들과 대화를 나누다 보면, 어떤 이들은 지나치게 안전에만 신경을 쓴다. 안전을 추구하는 이들은 문젯거리나 골치 아픈 일들은 회피해 버린다. 하지만 목회하다 보면, 목회자들과 설교자들이 앞장서서 변화를 위해 필요한 단계들을 취해야 할 때가 있다. 그것이 마땅한 목회자의 역할이다.

나는 교회를 개척하고 12년 동안 목회한 후 다른 지역 목회지에서 부름을 받았다. 이 교회는 미국에 있는 한인 교회 중에서도 매우 큰 교회에 속한다. 이 교회도 다른 교회들과 마찬가지로 발전하고 변화해야 하는 부분들이 있다. 담임목사로 부임하면서 기도를 드렸다.

"주님, 이들에게 주님이 제게 보여 주신 비전을 제시해야 합니까, 아니면 기다려야 합니까?"

고민이 담긴 기도에 주님은 물으셨다.

"너는 이곳에 생존(Survival)을 위하여 왔느냐?"

"주님, 제가 단순히 생존하기 위해 이곳에 온 것이 아님을 주께서 아시지 않습니까?"

주님은 말씀하셨다.

"나는 이곳의 부흥(Revival)을 위해 너를 보냈다."

주님과의 대화는 목사에게 생존 의식이 아니라 부흥 의식이 필요하다는 것을 깨닫게 해주었다. 생존 의식은 늘 안전과 현상 유지를 추구한다. 하지만 부흥 의식은 비전과 하나님의 뜻을 실현하는 일에 집중한다. 생존 의식은 자기보전에 집중하는 반면, 부흥 의식은 다른 사람들의 변화에 집중한다. 생존 의식이 사람들의 욕구를 만족시키는 데 집중한다면, 부흥 의식은 하나님의 뜻을 이루는 데 집중한다. 생존 의식은 부정적인 것들과 위험 요소에 집중하지만, 부흥 의식은 긍정적인 것들과 앞으로 얻을 수 있는 잠재적 유익에만 집중한다.

목회지가 어떤 환경이든 목회자는 부흥 의식을 지녀야 한다. 모든 목회자는 하나님 나라의 일을 위해 부르심을 받았을 뿐 아니라 하나님의 통치에 따른 변화를 위해 세움을 입었기 때문이다.

Chapter **16**...

사랑을
미루지 마십시오

미국 피츠버그에서 목회하던 클라렌스 맥카트니(Rev. Clarence McCartney) 목사는 "겨울이 오기 전에"라는 제목으로 같은 내용의 설교를 1915년부터 1956년까지 40회 이상 전했다. 많은 사람이 그의 설교를 사랑했다. 참 귀한 생각이라고 여겨 나도 1991년 교회를 개척한 이후에 매년 내용은 다르지만 같은 제목, 같은 본문으로 설교를 해 왔다. 은퇴를 하게 되는 올해는 같은 설교를 35번째 하게 되었다. 이 설교는 내 목회 처음부터 마지막까지 흘러가는 중요한 신앙의 요소를 담고 있다. 목사와 교우들의 중요한 신앙 정신을 나타내는 설교라고 할 수 있다. 그 35번의 설교 중 한 편을 여기에 담았다.

··· 겨울이 오기 전에

너는 어서 속히 내게로 오라 데마는 이 세상을 사랑하여 나를 버리고 데살로니가로 갔고 그레스게는 갈라디아로, 디도는 달마디아로 갔고 누가만 나와 함께 있느니라 네가 올 때에 마가를 데리고 오라 그가 나의 일에 유익하니라 두기고는 에베소로 보내었노라 네가 올 때에 내가 드로아 가보의 집에 둔 겉옷을 가지고 오고 또 책은 특별히 가죽 종이에 쓴 것을 가져오라 …너는 겨울 전에 어서 오라 으불로와 부데와 리노와 글라우디아와 모든 형제가 다 네게 문안하느니라 °딤후 4:9-13, 21

사도 바울이 로마 감옥에서 자신의 죽음이 임박한 것을 느끼면서 사랑하는 제자요 동역자인 디모데에게 속히 오라고 편지를 보낸다. 9절에서 "너는 어서 속히 내게로 오라" 하더니 21절에서는 "너는 겨울 전에 어서 오라"고 반복해 권하고 있다. 어쩌면 바울 스스로 자기에게 남은 시간이 얼마 없다는 것을 알고 있는 듯하다.

바울은 왜 겨울이 오기 전에 어서 오라고 권하고 있을까? 바울은 당시 그 누구보다 아시아와 유럽을 많이 다녀 본 사람이다. 겨울이 오면 지중해에 풍랑이 자주 일어난다는 사실을 잘 알고 있었다. 실제로 바울이 죄수의 몸으로 로마로 호송되어 올 때 겨울이 다가오는 것을 느끼면서 더 이상 항해하지 말고 멜리데 섬 미항에서 머물 것을 요청한다. 그러나 백부장과 선주 선원들은 미항으로부터 65킬로미터 떨어져 있는 뵈닉스까지 가기를 원했다. 이렇게 무리하게 항해하다가 바로 유라굴로라는 풍랑을 맞아서 276명이 사경을 헤매는 어려움을 겪은 적이 있다. 그러니 바울은 디모데가 편지를 받고도 지체한다면 이 땅에서는 더 이상 만날 수 없을 수 있다는 사실을 알고 있었다.

우리 인생에도 여지없이 겨울이 다가온다. 그러므로 미루지 말아야 할 것들이 많다. 미루다 보면 성큼 겨울이 다가오고, 원한다 할지라도 결코 이루지 못할 일들이 생길 수 있다.

작자미상의 시가 하나 있다.

내 인생에 가을이 오면

나는 나에게 물어볼 이야기가 몇 가지 있습니다.

내 인생에 가을이 오면

나는 나에게 사람들을 사랑했는지에 대해 물을 것입니다.

그때에 나는 가벼운 마음으로 대답하기 위해

지금 많은 이들을 사랑해야겠습니다.

내 인생에 가을이 오면

나는 나에게 열심히 살았느냐고 물을 것입니다.

그때 나에게 자신 있게 말할 수 있도록

나는 지금 맞이하고 있는 하루 하루를 최선을 다해 살아야겠습니다.

내 인생에 가을이 오면

나는 나에게 사람들에게 상처를 주지 않았느냐고 물을 것입니다

그때 얼른 대답하기 위해

지금 나는 사람들에게

상처를 주는 말과 행동을 하지 말아야겠습니다.

내 인생에 가을이 오면

나는 나에게 삶이 아름다웠냐고 물을 것입니다.

나는 그때 기쁘게 대답하기 위해

지금 내 삶의 날들을 기쁨으로 아름답게 가꿔야겠습니다.

내 인생에 가을이 오면

나는 나에게 어떤 열매를 얼마만큼 맺었냐고 물을 것입니다.

그때 나는 자랑스럽게 대답하기 위해

지금 나는 내 마음 밭에 좋은 생각의 씨를 뿌려 놓은

좋은 말과 행동의 열매를 부지런히 키워야 하겠습니다.

　_"내 인생에 가을이 오면"

이 시를 쓴 이가 윤동주라고도 하고 '좋은 생각' 발행인 정용철이라고도 하고 뇌성마비 장애인 시인 김준엽이란 말도 있다. 분명한 것은 인생의 겨울을 의식하며 사는 것, 그때 바르게 대답하기 위하여 사는 것, 그것이 분명 바른 인생을 살게 만든다.

바울은 편지로 디모데를 부르면서 세 가지를 가져오라고 요청한다. 첫째는 가죽 종이에 쓴 책, 둘째는 드로아 가보의 집에 두고 온 겉옷, 셋째는 꼭 마가를 데리고 오라고 한다. 여기에는 어떤 의미가 담긴 것으로 보인다. 바울에게만 아니라 우리 인생에도 중요한 것들, 결코 미룰 수 없는 것들이 무엇인지를 보여 준다.

가죽 종이에 쓴 책: 말씀과 진리의 요청

과거에는 오늘날처럼 책으로 된 성경책이 없었다. 양 가죽으로 두루마리로 성경을 기록했고, 이것은 부피가 커서 바울처럼 전도를 위한 여행길에 오르면 가지고 다닐 수가 없었다. 그러나 바울은 인생의 마지막에 하나님의 말씀 그대로를 읽으면서 주님의 나라 천국을 예비하기를 원했다. 이 성경은 바울이 은혜받고 눈물 흘리고 감동했던 그 말씀일 것이다. 그는 말씀으로 순교도 이기고 천국도 확신하면서 더욱 무장하기를 원했다.

말씀은 이 땅에서뿐 아니라 영원까지 변치 않는 하나님의 약속이다. 우리는 어디 뫃 좋은 곳에 전망 좋은 아파트가 있다고 하면 굉장한 관심을 갖는다. 그런데 천국에 대해서는 관심을 두지 않는다. 누구나 때가 되면 이 땅을 떠나게 되어 있다. 죽음을 피할 수 있는 사람은 없다. 그런데도 죽음 이후 영원에 대해서, 천국에 대해서 관심이 없다면 이상한 일 아닌가?

인생의 겨울, 죽음은 때론 너무나 크고 두려운 대상이다. 그래선지 사람들은 아예 죽음을 생각하려고 하지 않는다. 죽음을 생각나게 하는 것조차도 모두 피한다. 불쾌하게 생각한다. 그러나 부인할 수 없는 것은, 인생의 겨울은 누구에게나 다가온다는 사실이다.

성경은 곧 영원한 나라를 가르쳐 준다. 생명의 창조자요 주관자이신 하나님의 약속이기 때문이다.

그러므로 모든 육체는 풀과 같고 그 모든 영광은 풀의 꽃과 같으니

풀은 마르고 꽃은 떨어지되 오직 주의 말씀은 세세토록 있도다

하였으니 너희에게 전한 복음이 곧 이 말씀이니라 °벧전 1:24-25

4,500년 전에 지어진 것들이 지금까지도 그 어마어마한 규모를 자랑하는 경우가 있다. 대표적으로 이집트의 피라미드가 있다. 이집트 사람들은 사람 키보다 더 큰 돌 200만 개 이상을 옮겨 피라미드 하나를 만들었다. 피라미드의 높이가 약 147미터이고, 밑변의 길이는 약 230미터이다. 대략 10만 명의 노예들이 동원되었을 것이라고 보는 주장이 있다.

그러면 왜 이렇게 거대한 건축물을 만들었을까? 여러 가지 이유가 있겠지만, 공통적인 견해는 이집트의 왕 바로가 내세에 천국으로 가려고 만들었다고 한다. 고대 이집트인들도 현세는 유한하고 내세는 영원하다고 생각했다. 이러한 생각 때문에 피라미드를 그 엄청난 돌로 만들었다. 덕분에 수천 년이 흐른 지금, 왕궁이나 집들은 모두 사라지고 없지만 피라미드는 남아 있는 것이다.

크고 높게 만든 이유가 있다. 신이 세계에 이르는 계단처럼 만든 것이다. 피라미드 옆에는 태양선을 만들어 묻어 두었는데 이것이 발굴되었다. 망자가 이것을 타고 신의 세계로 갈 수 있게 한 것이다. 얼마나 신의 세계에 이르기를 소망했는지 보여 준다.

그러나 이러한 것이 진리가 될 수 있을까? 노예 10만 명을 동원

할 수 있는 절대 권력자만이 신의 세계로 갈 수 있는 것인가? 돌로 높게 쌓고 나무로 태양선을 만들면 놓으면 신의 세계에 이를 수 있는 걸까? 그렇다면 힘없는 수많은 백성은 어떻게 신의 세계에 갈 수 있다는 말인가?

솔직히 이런 바람이 없는 사람이 있을까? '나는 그저 안개처럼, 하나의 먼지처럼 죽음으로 사라지고 말겠다' '더 이상 바랄 것이 없다'고 생각하며 죽음을 맞는 이가 과연 얼마나 있겠는가? 인간은 누구든지 영원을 사모하는 존재라고 성경은 말씀하고 있다.

인간은 누구나 영원을 사모하고 죽음 이후에 소위 천국의 삶을 동경하지만, 문제는 그것에 이르는 길은 인간의 지혜로 되는 일이 아니라는 것이다. 창조주 하나님, 구원자 예수 그리스도께서 우리에게 분명히 제시해 준 구원의 길, 천국의 길이 있다. 그 길을 보여 주는 것이 바로 계시, 성경이다. 인생의 겨울이 오기 전에 하나님의 말씀, 영원한 진리의 말씀을 가까이 대하게 되기를 바란다.

가보의 집에 두고 온 외투(선행과 사랑의 요청)

바울은 우리가 아는 대로 복음을 전하면서 수많은 박해를 받아 왔다. 고린도후서 11장에 보면 바울이 당한 고난들을 나열하고 있다. 옥에 갇히고, 수없이 매도 맞고, 여러 번 죽을 뻔하였다. 매도 많이 맞아서 유대인들에게 40에 하나 감한 매를 다섯 번 맞았고, 세 번 태장을 맞고, 한 번 돌로 맞았다. 세 번 파선하고 일 주야를 깊은 바다에서 지냈고, 강의 위험, 강도의 위험, 동족의 위험, 광야의 위험 등 수많은 고난을 받았다고 증언한다.

이렇게 많은 고난을 당했어도 바울은 굴하지 않고 다시 일어나 복음을 증거했다. 하지만 로마 감옥에서 순교를 기다리고 있는 바울은 이젠 너무 노쇠하였다. 차가운 겨울 감옥을 견디기에 육신이 너무 약해졌다. 그런 바울이 디모데에게 올 때에 드로아 가보의 집에 두고 온 그 외투를 가져다 달라고 부탁하고 있다. 평소에는 별로 중요하게 여겨지지 않던 외투, 입을 옷들이 많이 있는 이들에게는 보관하기에도 귀찮을 수 있는 그 외투 하나. 하지만 감옥에서 순교를 기다리는 나이 든 사도에게 이 외투는 분명 천사의 날개가 되어 줄 것이다. 연약한 육신뿐만 아니라 영혼을 감싸 주는 포근함을 선사할 것이다.

선행은 바로 그런 것이다. 있는 자들, 넉넉한 이들에게는 아무것도 아니지만 절박한 이들에게는 너무나 소중한 것이다. 크지 않더라도 비싸지 않더라도 필요한 이들에게 나눌 수 있다면 그것은 너무나 귀중한 것이다.

유품정리사 김새별 작가의 《떠난 후에 남겨진 것들》을 보면, 고독사 현장에서 유독 자주 보게 되는 것이 술병과 동전이라고 한다. 술병이 많은 것은 쉽게 이해가 가는데, 특별히 동전이 눈에 띈다는 것이 마음에 남는다. 일반적으로는 하찮은 것으로 취급되지만 가난 때문에 삶을 마무리한 이들에게 동전은 한 끼, 하루를 버티는 힘이기 때문이다.

작가는 이렇게 적었다.

"생각해 보면 우리는 물건을 소유하기 위해 너무나 많은 시간과 에너지를 쓴다. 내 집을 마련하고 좋은 차를 사고 고급 옷을 구매하기 위해, 혹은 명문대에 들어가고 반듯한 직장을 갖고 또 내 아이도 그렇게 만들기 위해 너무 많은 것을 희생한다. 물론 열심히 사는 것은 좋은 일이고 원하는 것을 얻기 위해 노력하는 것은 살아 있는 동안 우리가 해야 할 일 가운데 하나다.

그러나 우리는 지고 가지 못하고 남기지도 못한다. 정말로 남는 것은 집이 아니고 학벌이 아니고 돈이 아니다. 우리가 사랑했던 기억이다. 사랑하고 사랑받았던 기억은 오랫동안 남아 내가 죽은 뒤에도 세상 한 구석을 따뜻하게 데워 줄 것이다."

이 책의 부제는 "떠난 이들의 뒷모습에서 배운 삶의 의미"이다. 우리의 삶에도 나눔과 선행이 너무나 중요하다. 인생의 겨울에도 우리를 따뜻하게 덮어 줄 수 있는 것이기 때문이다.

영국의 종교개혁가이자 성경 번역 및 출판가 윌리엄 틴들 (William Tyndale)은 1535년 모국어로 성경을 번역했다는 죄목으로 감 옥에 갇혔다. 그는 1년 6개월 동안 추운 감옥에서 지내야 했는데, 그 곳에서도 성경 번역을 완성하기 위하여 최선을 다했다. 그러던 그는 1536년 10월 6일에 42세의 젊은 나이에 줄로 꽁꽁 묶인 채 화형을 당했다. 죽기 직전 그는 "주여! 영국 왕의 눈을 열어 주시옵소서"라고 기도했는데, 그 일이 있고 2년 후 1538년에 헨리 8세는 각 교구의 교회에 영어로 된 성경을 비치하라는 명령을 내렸다. 결국 영어 성경을 사용할 수 있도록 허용한 것이다. 틴들이 화형대에서 드린 마지막 기도는 땅에 떨어지지 않고 응답되었다.

틴들은 감옥에 있을 때 그 지역 통치자에게 이런 편지를 썼다.

"나는 당신의 주권을 인정하며 간청합니다. 만약 내가 겨울 동안 여기에 머물러야 한다면 담당 보좌관에게 그가 가지고 있는 것 중에서 가장 따뜻한 제 모자를 보낼 수 있도록 주님의 이름으로 간청합니다. 머리가 아플 정도로 춥습니다. 그리고 따뜻한 망토도 있는데 제가 가지고 있는 망토는 너무 얇습니다. 그 사람이 내 모직 셔츠도 갖고 있는데, 보내 준다면 감사하겠습니다. 무엇보다도 히브리어 성경, 문법 및 어휘 책을 보내 주십시오. 저는 목표를 향해서 시간을 보내기를 원합니다."

바울의 편지와 거의 비슷하다. 선행과 사랑을 내일로 미루지 말아야 한다. 누군가에게는 작은 외투, 작은 동전, 작은 모자 하나가 그토록 큰 것이 될 수 있기 때문이다. 인생의 겨울이 오기 전에 선행과 사랑을 결코 미루지 않는 우리 모두가 될 수 있기를 바란다.

마가를 데리고 오라 (용서와 화해)

바울은 인생의 마지막 단계에 수많은 사람의 이름을 언급한다.

데마는 이 세상을 사랑하여 나를 버리고 데살로니가로 갔고
그레스게는 갈라디아로, 디도는 달마디아로 갔고 누가만 나와
함께 있느니라 네가 올 때에 마가를 데리고 오라 그가 나의 일에
유익하니라 두기고는 에베소로 보내었노라… 구리 세공업자
알렉산더가 내게 해를 많이 입혔으매 주께서 그 행한 대로 그에게
갚으시리니… 브리스가와 아굴라와 및 오네시보로의 집에 문안하라
에라스도는 고린도에 머물러 있고 드로비모는 병들어서 밀레도에
두었노니 °딤후 4:10-12, 14, 19-20

인생의 겨울이 다가올수록 중요한 것은 인간관계다. 특별히 바울은 마가를 데리고 오라고 말한다. 지난 날 마가와는 특별한 사건이 있었다. 마가는 바나바, 바울과 함께 1차 전도여행에 동행한다. 하지만 밤빌리아에서 돌연 예루살렘으로 돌아가고 만다. 바울은 이 사건 탓에 마가를 더는 신뢰하지 않았다. 그래서 2차 전도여행에 마가를 데리고 가자는 바나바의 의견에 강력하게 반대한다. 이 일로 결국 바울과 바나바도 갈라서고 만다. 사실 바나바는 바울을 키워 준 은인이었는데, 마가로 인하여 이런 문제가 생기고 말았다.

마가는 과거에 아픔을 주고받았던 관계다. 이제 순교를 앞두고

바울은 다시 한번 마가를 만나기를 간절히 원하였다. 화해와 용서가 무엇보다도 중요하기 때문이다.

마가는 제1차 세계 전도여행에서 도중 하차했지만 그는 믿음의 삶에서 실패하거나 낙오하지 않았다. 오히려 그는 훌륭한 신앙인이 되고 지도자가 되었다. 마가는 바로 예수님의 복음을 가장 먼저 기록한 마가복음의 저자가 되었다. 용서와 화해가 있었기에 믿음의 삶에서도 크게 성장하고 주님의 나라를 위하여 귀하게 사용될 수 있었던 것이다.

용서와 화해를 내일로 미루지 말기를 바란다. 우리가 원하지 않아도 인생의 겨울은 다가온다. 이 겨울을 바르게 인식하고 그때에 대답할 것을 준비하는 마음으로 살아가는 것, 그것만이 인생의 겨울을 이기는 길이다.

Chapter **17**...

코로나,
위기를 딛고 서다

2020년, 우리 사회는 코로나19 바이러스로 인하여 이전에 없던 큰 충격을 받았다. 그중에서도 교회는 큰 위기와 도전에 직면하게 된다.

바이러스 감염과 죽음의 두려움이 전 세계를 덮으며 평소에는 전혀 생각하지 못하던 일들이 이어졌다. 백신 접종이 의무화 되었고, 감염된 사람의 개인정보는 물론 감염 전 며칠 간의 행적이 만천하에 공개되기도 했다.

나는 개인적으로 코로나 바이러스로 인한 충격보다 이를 대처하는 정부의 방역 정책에 더 큰 충격을 받았다. 내 기준으로 볼 때 너무나 불합리하고 설득력이 없는 정책들이 계속되었기 때문이다. 다섯 명 이상의 모임이 금지되었다. 식당에 가서도 한 테이블에 다섯 명 이상 앉을 수 없었다. 그러면 다른 테이블에 앉아 서로 모른 척 밥을 먹는 것은 괜찮은가? 같은 두 테이블이라도 서로 모르는 사이면 괜찮고, 아는 사이면 안 된다는 웃지 못할 규칙이 세워졌다. 미국의 거리두기 제한이 있는 지역 식당에서는 식당 크기에 준하여 앉을 수 있는 테이블 수를 조정했다. 조금은 합리적이게 보였다. 마스크를 사려면 비 오는 날도 줄을 서서 마치 배급을 타듯 정해진 양만큼만 구입해야 했다. 여러모로 그때를 생각하는 것은 그 자체로 마음이 편치 않다.

하지만 이 모든 불합리한 정책보다 더 이해할 수 없는 것은 교회를 통제하는 방식이었다. 그 당시 대중교통에도 이용 제한이 없었고, 사람들은 최소한의 동선으로 일상을 유지하고 있었다. 다들 직장에 나가고 학생은 학교를 가고 있었으며 마트나 백화점들도 다 이용할 수 있었다. 그런데 유독 주일 하루 한 시간 모이는 교회 모임만큼은 금지령이 떨어졌다. 물론 교회만이 아니라 '집합 금지 명령'이었지만, 대중의 시선이 유독 교회로 쏠렸다.

이러한 방역 원칙들은 결과적으로 마치 교회가 바이러스를 퍼뜨리는 원흉처럼 사람들에게 각인시키는 부정적인 역할을 했다. 그 결과 공무원들이나 다 알만한 제법 큰 회사에서도 버젓이 직원들을 향해 주일에 교회에 못 가도록 압박했다. 이렇듯 여러 정책적 압력에 의해서 교우들은 교회에 제대로 나올 수 없는 상황이 이어졌다. 우리 사회에서 또다시 이런 일들이 일어나서는 안 될 것이다.

이제는 그때를 추억할 정도의 시간이 흘렀지만, 교회는 아직도 코로나 이전의 교세를 회복하지 못하고 있다. 대략 교회를 연구하는 기관들에서는 코로나로 인하여 40퍼센트 정도의 출석교인을 잃어버렸다고 말한다. 개 교회의 출석교인들이 줄어든 것보다 더 큰 손실은 이미 설명한 것처럼 사회적인 인식이 매우 나빠졌다는 것이다. 한국 교회가 이런 충격과 손실을 입었을 때가 또 있었을까 싶다.

그렇다고 여기에 주저앉을 수는 없지 않겠는가? 담임목사로서 코로나 위기를 극복하기 위하여 몇 가지 분야에서 교우들과 함께 기도하며 힘썼다. 모두가 모일 수 없었던 때였기에 평소보다 훨씬 다양한 노력을 기울여야만 했다. 사실 35년간의 내 목회 여정에서도 가장 힘들고 어려웠던 순간이다. 그만큼 절실하게 주님께 매달리고 성도와 교회가 보호받고 극복하도록 애썼다.

··· 교우들의 건강 관리

우리는 먼저 온 교우에게 워크온(Walk On) 걷기 애플리케이션을 제공하였다. 코로나 팬데믹으로 가장 힘들었던 것은 사랑하는 사람을 만날 수 없다는 것이었다. 특별히 코로나19 초기에는 모두가 두려움에 사로잡혀 밖으로 나오기를 꺼렸다. 그러다 보니 정신적, 육체적으로 매우 어려운 시기였다.

우리는 집 앞 외출이 가능해지는 시기가 되자마자 밖으로 나와 열심히 걸으며 몸과 마음의 건강을 관리했다. 특별히 이 걷기 앱을 통하여 매일 개인별 걸음 수뿐 아니라 교구별 걸음 수도 공유할 수 있어 피차 격려하며 선의의 경쟁을 하기도 했다.

단순히 우리의 건강을 지키는 데 머물지 않고 연말에는 전체 교우들의 걸음 수에 비례하여 선교지에 특별 헌금을 보냈다. 매년 걸음 수가 늘어나서 첫해엔 선교지에 3만 달러를, 둘째 해엔 4만 달러를 헌금했다. 그 결과 페루 선교지에는 빵 공장을 세웠고, 니카라과 선교지에는 학교 야외 교실을 만들 수 있었다.

코로나가 끝이 나고 오랫동안 보지 못했던 교우들이 다시 성전으로 나왔을 때 피차 놀라는 일이 많았다. 날씬해진 교우들이 참 많았기 때문이다.

··· 교우들의 영성 관리

성경 필사 : 흩어져 있는 교우들에게 성경에서 한 장씩을 필사하도록 권하였다. 그 결과 교우들 손글씨로 쓴 성경책이 세 권이나 만들어졌다. 구약의 성경은 서기관들이 직접 써서 사용하였는데, 교우들이 직접 손으로 쓴 성경책을 보니 너무나 감격스러웠다. 내가 본 가장 아름다운 성경책이었다. 이 세 권의 성경책을 돌아가면서 강단용 성경으로 펼쳐 두었는데, 볼 때마다 어려운 시기에 함께해 주신 주님의 은혜가 떠오른다.

성경 통독 : 교우들의 음성으로 성경책을 읽어 그 모습을 영상으로 제작했다. 자원하는 교우가 기도하면서 한 장씩 성경을 읽었고, 그렇게 만들어진 영상을 모두가 듣고 볼 수 있었다. 집에서 묵상할 때, 길을 걸으면서, 또는 일하면서도 교우들의 음성으로 만들어진 성경 말씀을 들으며 은혜를 받았다.

말씀 시리즈 : 동영상으로 새벽기도회가 진행되었다. 그 어느 때보다 말씀 묵상이 중요할 때였기에 100일 시리즈 말씀 묵상집을 제작하여 나누었다. 이 시리즈의 말씀은 점점 우리 교우들의 삶에

소중한 영적 보고가 되어 이제는 가정예배 때, 또는 집을 떠나 있는 자녀들까지 이 말씀으로 함께 교제하고 있다.

[지금까지 이어 온 말씀 시리즈]
100일의 위로, 100일의 찬양, 100일의 일상, 100일의 책임, 100일의 기적, 100일의 한 절 은혜(1), 100일의 한 절 은혜(2), 내 생의 한 절 은혜(1), 내 생의 한 절 은혜(2), 100일의 축복

이중에 '내 생의 한 절 은혜 1, 2'는 교우들이 가장 좋아하는 성경 구절을 모아서 모든 교우가 그 말씀으로 영의 양식을 삼은 것이다.

··· 지역 사회에 사랑을 전하다

코로나 팬데믹으로 이런 저런 모양으로 모두가 어려움을 겪은 시기이니 만큼, 그 어떤 때보다 사랑을 나누는 일에 집중했다. 마스크 나누기를 포함해서 어려움을 겪는 이들에게 많은 기금을 나누며 주님의 사랑을 전했다.

영락, 새문안, 소망, 온누리, 주안, 잠실교회가 연합하여 코로나19 이웃사랑 성금을 5억 5천만 원 모금하여 전달했다. 그중에 총회사회봉사부에 5천만 원, 사회복지 공동모금에 5천만 원을 지원했다.

미국의 이민자 중에 불법체류자 신분인 한국인들이 코로나에 감염이 되어도 치료받을 수 없다는 기사를 보고 3만 달러를 이민사

회로 보냈다.

이밖에도, 교회 내 '자영업자를 위한 사랑의 나눔'으로 100만 원 씩 총 6천만 원을 지원했고, '마천시장 돕기, 함께 이겨 냅시다'에 1,157만원을 지원했다. 지역 소상공인 돕기에도 참여해 총 1억 250만 원을 지원했다. 특별히 지역 내 소상공인 돕기는 그들의 종교나 성향과 관계없이 50만원 씩 205업체에게 지원했다.

코로나 기간 내내 기회가 있는 대로 이웃에 사랑을 나누고자 힘 썼다. 물론 기금을 전달하는 일도 교우들이 직접 참여하여 이루어 졌다. 베풀고 나누는 일을 통하여 우리 자신이 건강해지고 먼저 회 복을 경험했다.

··· 극복과 회복을 위한 축제

신앙 간증집《성전을 기억하며 울었도다》를 출간했다. 어려웠던 순간들을 잊지 않는 것이 중요하기에 교우들의 신앙 간증을 수록하여 배부했다.

··· 회복과 감사의 축제

큰 위기 속에서 지켜 주시고 회복 시켜 주신 주님의 은혜를 기억하며 몇 차례에 걸쳐 함께 모이고 교제하고 감사하는 축제를 열었다.

성전 회복을 위한 전교인축제 1- 전교인 가족축제(미사경정공원)

성전 회복을 위한 전교인축제 2- 뮤지컬 초청공연

성전 회복을 위한 전교인축제 3- 전교인 워크온 회복축제

성전 회복을 위한 전교인축제 4- 전교인 찬양 축제(광야에서 부른 찬송)

성전 회복을 위한 전교인축제 5- 컨택축제(Contact Celebration, 잠실학생 실내체
육관)

특별히 다섯 번째 축제인 컨택축제는 기획과 준비 자체도 모험이었다. 2년 이상 흩어져서 모이지 못했던 교우가 얼마나 동참할지 미지수였기 때문이다. 하지만 6천 명을 수용하는 잠실 학생 실내체육관을 빌리고 온 교우가 연합하도록 기도하면서 최선을 다해 준비하였다. 당일 전 좌석을 가득 채워 모두가 진심으로 하나님께 영광 돌리는 축제가 되었다.

코로나 팬데믹은 우리 교회뿐만 아니라 한국 교회에 큰 도전으로 찾아왔다. 이 위기를 극복하기 위하여 온 교우가 한마음으로 연합할 때 위기가 바뀌어 새로운 은혜의 기회가 되었음을 경험했다. 주님께 영광을 올려 드린다.

Part 6

사랑을
품고
뛰었습니다

더불어
세상 속에서
살아갑니다

사랑으로
우리 지역을
품으세요

사랑으로 품다

● 떡 같은
교회가
되어야 합니다

▲ 새로운 땅
새로운 교회를
세웁니다

Chapter **18**...

더불어 세상 속에서 살아갑니다

··· 교우들의 일터에서 일하다

나성영락교회에서 섬길 때에 매년 두 주 동안 15-16명의 모든 전임 교역자가 교우들이 운영하는 영업장에서 일을 했다. 이름하여, '더불어 세상 속으로'다. 교회의 기본적인 사역은 진행되어야 하기에 교역자들은 두 그룹으로 나누어 참여했다. 교우들이 주로 많이 하고 있었던 사업장은 세탁소, 봉제공장, 정원관리, 식료품점(grocery)과 같은 곳들이었다. 이 행사를 진행하는 기간에는 해당 교역자들이 한 주간동안 교회로 출근하지 않고 아예 교우들의 사업터로 출근하고 그곳에서 퇴근했다.

이렇게 했던 이유가 몇 가지 있다.

첫째, 이민자로 살아가는 교우들의 삶을 이해하기 위함이었다. 목회자는 양을 돌본다는 'pasco'라는 라틴어에서 온 단어다. 즉 목회자는 목자다. 목자로서 교우들의 삶을 이해하지 못한다면 아무리 열심히 설교하고 심방해도 바른 목회, 건강한 목회를 할 수 없다. 새로운 땅 쉽지 않은 여건에서 땀 흘리며 살아가는 교우들의 삶을 조금이라도 이해할 수 있을 때 바른 설교, 건강한 목회가 가능하다. 설교만 하면 목회가 되는 것이 아니다. 교우들의 삶에 적절한 설교를 해야 한다. 회중석과 강단의 거리가 의외로 멀고 교우들과 설교자의 마음의 거리가 의외로 먼 이유는 근본적으로 서로를 깊이 이해하지 못하기 때문이다. 좋은 설교자가 되려면 좋은 목회자가 되어야만 한다.

둘째, 그들의 삶의 현장에서 함께 시간을 보내면서 일한다는 것은, 단순히 그들의 삶을 이해하는 것을 넘어 그들의 삶을 축복하는 일이다. 꼭 손을 들어 축도하지 않더라고 교우들의 삶의 자리에 가서 하나님이 함께하시기를 날마다 기도하고 격려할 수 있다. 그들과 함께한다는 자체를 통해서 땀흘려 수고하는 삶의 현장을 거룩하고 아름다운 터전으로 인정하는 일이기도 하다. 교우들은 일터에서의 이러한 만남을 통해서 하나님의 임재를 좀 더 가까이 느낄 수 있다.

셋째, 선한 일을 하기 위함이다. 교역자들은 한 주간씩 일하면서 일당으로 최저임금을 받았다. 열다섯 명 이상의 교역자가 두 주간 일하면서 최저임금을 받으면 그것 자체도 어느 정도의 액수가 된다. 매번 이 기금을 모아서 지역 사회를 위해서 쓰거나 어려움을 당한 이웃을 위해서 선한 일을 했다. 물론 대상은 주로 교회 밖에 도움과 사랑이 필요한 곳이었다.

생활고를 겪던 한 가정의 가장이 온 가족을 총으로 쏘고 자살한 일이 있었다. 한인 사회에 큰 충격을 가져왔다. 불행 중 다행으로 딸에게 쏜 총탄이 아이의 뇌를 관통했지만 목숨을 건졌다. 우리는 그 딸의 재활과 생활을 돕고 장학금을 주었다. 장학금 수여 이후에도 상당 기간 교회는 그 딸을 도왔다.

몰몬교가 주류사회를 구성하고 있는 유타주에서 주로 한인 유학생들을 위하여 목회하고 있는 목회자가 있다. 낡은 자동차를 폐차했지만 재정난으로 새 차를 구입할 수 없었는데, 우리가 새 차를 구입해 주었다.

매년 이렇게 선한 일을 할 때에 교우들이 돕는 손길에 동참해 주었다. 때로 교역자들이 일할 수 있도록 허락해 준 가게에서 일당도 넉넉하게 챙겨 주었다. 이렇게 돕는 손길들 덕분에 제법 도움이 되는 정도의 선한 일들을 해낼 수 있었다.

나도 부교역자들과 똑같이 한 주간 나가서 일을 했다. 세탁소에서도 일하고 정원관리도 해 봤다. 특별히 정원관리는 속도가 중요했다. 정해진 시간 안에 빨리 일을 마치고 다음 집으로 넘어가야 이윤이 남는 사업이었다. 그런데 경험이 없는 교역자들이 일을 하겠다고 나서니 속도가 더뎌질 수밖에 없었다. 그만큼 사업장의 주인인 교우가 뒤치다꺼리도 더 해야 했다. 직업 현장을 다녀 보니 한 주간 자기 일터에 와서 일하는 것을 허락해 준 교우들이 많은 희생을 감내하고 있다는 것을 알게 되었다. 이웃을 돕겠다는 선한 목적이 있어서 이 일을 허락해 주었다는 사실을 새삼 알게 되니 감사함이 더욱 커졌다.

한번은 내가 교우를 따라서 개인 집 정원을 관리하고 있었는데, 그 집 주인 할머니가 의아해하며 교우에게 물었단다.

"저 양반은 누구요?"

"왜요, 할머니?"

"오늘 처음 온 저 양반은 일할 줄 모르는 양반인데."

단번에 들켜 버렸다. 사실이다. 언제 그렇게 일해 봤겠는가?

종종 열심히 목회하면 할수록 세상의 삶에 대해서는 무지해 질 수가 있는 것이 사실이다. 무관심은 아니라 할지라도 교회 안에서 감당해야 하는 일도 늘 차고 넘치다 보면 현실의 삶 속에서 살아가는 교우들의 삶의 현장은 점점 멀어질 수도 있음을 경험한다.

'더불어 세상 속으로'는 세상을 사랑하고 축복하는 일일 뿐 아니라 목사를 더 목사답게 만드는 일이기도 했다.

··· UCLA 한국 전통음악과를 돕다

LA에 소재한 UCLA에는 전 세계에서 가장 큰 한국학 연구소가 있다. 2008년으로 기억한다. 이 한국학 연구소에서 주관하는 프로그램들 중에는 기금이 준비되어야 운영이 가능한 것들이 있었는데, 한국 전통음악과 강의가 기금 부족으로 개설을 못하게 되었다는 소식을 들었다.

한국 전통음악과 강의를 개설할 수 있는 기금을 마련하고 싶은 마음이 간절했다. 그래서 한인이 가장 많이 가는 지역, 큰 식료품점에서 전 교역자가 함께 일하기로 마음을 먹었다.

한인타운 중에서도 가장 큰 식료품점 중 하나가 갤러리아 마켓이었다. 지인을 통하여 사장님께 이런 뜻과 함께 도울 수 있는 구체적인 방안을 계획하여 제안했고 허락을 기다렸다. 제안한 계획은 이러했다.

늘 하듯이 두 주간동안 교역자가 일하는 시간 만큼 최저임금을 지급해 줄 것, 그리고 나성영락교회 교우들이 두 주간 이곳에서 구입한 영수증을 제출 할 경우 그 액수의 5퍼센트를 후원해 줄 것을 요청했다. 대신 이 기간 동안 나성영락교회 교우들이 이곳에 와서 적극적으로 식료품을 구입하겠다고 약속했다. 이사가 여러 명 있는 큰 회사였는데, 의논 끝에 기꺼이 이 프로젝트를 허락해 주었다.

본격적으로 교역자들의 노동이 시작되었다. 지금까지는 교우들이 주인인 가게나 공장에서 일했지만 이번에는 있는 그대로의 치열한 삶의 현장에서 일해야 했다. 어떤 교역자는 포장부, 어떤 교역자는 육류부, 또 어떤 교역자는 야채부 등 각 부서에서 흩어져 일했다. 직원들도 꽤 많은 곳이었는데, 일일이 우리가 하는 일을 직원들에게 다 알린 것 같지는 않았다. 기존 직원들은 우리를 매우 낯설어했다. 왜냐하면 너무나 일을 못하는 직원들이 갑자기 들어왔기 때문이다.

웃지 못할 일들도 있었다. 어떤 교역자는 생선부에서 일하게 되었는데, 그 부서에서 원래 일하던 히스패닉계 직원이 다짜고짜 한국말로 '야 임마!'라고 부르더란다. 너무나 깜짝 놀랐다. 생전 이런 호칭을 들어 본 적이 없었던 것이다. 하루 아침에 '목사님'은 사라지고 '야 임마'가 된 것이다. 그들이 그런 호칭을 어디서 배웠을까? 한국인 매니저들에게서 들었을 것이다. 준 대로 돌려받는 이치를 처절하게 경험하기도 했다.

두 주간 진행된 이 프로젝트를 통하여 놀라운 결과들이 이어졌다. 많은 교우가 이 마켓에 와서 부지런히 식료품을 구입해 주었다. 더 놀라운 것은 이런 사연으로 교역자들이 일하는 것을 안 한인들이 비록 나성영락교회 교우가 아니더라도 그들의 구입 영수증을 기부해 주었다. 이렇게 UCLA 한국 전통음악과를 살릴 기금이 쌓여 갔다. 그리고 갤러리아 마켓 측에서 적극적으로 도와주었다. 사람들이 구입한 영수증의 5퍼센트 뿐만 아니라 교역자들의 일당을 세 배로 계산해 주었다.

결과적으로 그해 우리는 UCLA 한국 전통음악과를 살려 낼 수 있었다. 이것처럼 신나고 보람된 일이 또 있을까? 교회 안에서만 우리의 신앙을 고백하고 느끼는 것이 아니라 세상 한복판으로 뛰어들어 더욱이 일반 사업터와 힘을 모아 지역공동체에 유익한 일을 만들어 내는 것, 정말 멋지고 아름다운 일이었다. 생전 들을 수 없었던 낯선 세상의 소리 '야 임마'도 아련한 즐거움으로 느껴졌다.

이웃을 더욱 효과적으로 돕기 위해 YNOT(YoungNak Outreach and Training)이라는 비영리 자선단체를 만들었다. 이 단체의 주요 사역으로 장애인들의 그룹홈을 만드는 것이었다. 나성영락교회에는 장애인 부서인 소망부가 활성화되어 있었다. 그 사역에 늘 마음으로 함께하는 중에 장애인 자녀를 둔 부모들의 간절한 소망을 듣고 충격을 받은 적이 있다. 그들의 인생 소망은 대부분 동일했다.

"제 소원은요, 내 자녀보다 하루 더 살고 죽는 것이에요."

들는 순간 마음이 찡해 왔다. 그만큼 돌봄이 필요한 자녀들을 홀로 두고 눈을 감을 수 없는 부모의 마음이 절절하게 느껴졌기 때문이다.

장애인들에게는 그룹홈이 너무나 필요하다는 것을 느끼며 회원들과 함께 낡은 집을 구입하여 그룹홈으로 새롭게 꾸미는 일에 함께했다. 그해에는 모든 교역자가 이 구입한 집에서 낡은 것들을 다 떼어 내고 새롭게 꾸미는 일을 했다. 마당을 다시 만들고 간단한 인테리어 작업도 했다. 이렇게 정성과 사랑을 들여 새롭게 꾸민 그룹홈에서 장애인들이 살게 되었다. 너무나 감사했다. 차를 몰고 그 집 앞을 지나다닐 때마다 마음이 뿌듯해졌다.

매년 이런 모양으로라도 교우들이 삶 속에 동참하면서 목회자로서 교우들을 더욱 더 사랑하게 되었다. 교우들도 매년 진행되는 이러한 노력 속에서 교우들을 더 이해하고 축복하고픈 목회자의 마음을 보게 되면서 서로를 더 귀히 여기는 마음이 생겨났다. 어느 주일에는 이런 마음을 담아 시를 적어 읽어 드렸다. 낭독을 마치자 모든 교우가 눈물을 훔치고 있는 게 보였다. 잠시 후에 뜨거운 박수로 감사를 표해 주셨다. 그 모습 역시 잊을 수가 없다.

난 교인들이 좋다.
내가 하지 못하는 세상의 일들을 하니 자랑스러워 좋다.
세상의 무거운 짐들을 지고 가니 사랑하고파 좋다.

때론 교회 만이 아닌 또 다른 삶의 자리가 있어서 부러워서 좋다.

난 교인들이 좋다.
황무지 같은 곳에서도 꽃을 일구어 내는 그 땀방울이 좋다.
홍삼물 꿀물 타주지 않아도 맡겨진 세상의 자리 꾸준히 지켜 나가는
인내가 좋다.
교회 안에선 순한 양 같으나 세상에서는 투우같이 일하는 그들의
패기가 나는 좋다.

난 교인들이 좋다.
그들의 삶 속에서 피곤이 전혀 보이질 않을 때 그 충만함이 좋다.
때론 삶 속에서 묻어 온 한숨이 보일 때 그들의 진실이 좋다.
피곤한 육신을 이끌고도 주님 전에서는 해바라기처럼
밝게 주님을 바라보는 그 모습이 아름다워 정말 좋다.

난 교인들이 좋다.
내 삶이 존재하는 이유를 드러내어 주어서 좋다.
날마다 우리 주님의 선하심을 드러내는 도구이기에 좋다.
우리가 함께 이 땅에 주님의 나라를 이루어 가니 정말 좋다.
  _ "난 교인들이 좋다", 림형천

교회에서 행하는 사역들이 세상에서도 울림이 되고 공감할 수 있다면 얼마나 귀하고 아름다운 일인가? 그러한 것들을 찾아내고 힘쓸 때 믿지 않는 세상에서 살아가는 많은 이들의 가슴에도 주님의 사랑이 전해지기 때문이다. 교회는 분명 교회 밖을 위하여 존재하는 곳이기 때문이다.

Chapter 19...

사랑을 품고
뛰었습니다

··· 국제 마라톤 대회에 참여하다

2003년 나성영락교회에 부임한 후에 그 지역에서 꽤 여러 해 이루어지던 일을 알게 되었다. 매년 3월 첫째 주일에 교회 주변 지역에서 'LA 국제 마라톤 대회'가 열리고 있었는데, 유독 한인 교회가 연합해서 이 행사 주관처와 갈등을 빚고 있었다. 변호사를 사서 싸운다고도 했다. 교인들이 교회에 오는 것이 불편하다는 이유였다.

국제 마라톤 대회란 세계에서 수만 명이 모여드는 전통적인 시민 축제인데, 한인 교회들이 이를 반대하고 있다는 사실이 바람직하지 않아 보였다. 왜냐하면 선교적으로 볼 때 교회와 세상의 관계에 있어서 교회는 세상과 싸우는 위치보다는 축복하는 위치에 있어야 한다고 믿기 때문이었다. 더욱이 LA시 전체 교회가 연합한 것도 아니고 유독 한인 교회들만이 반대하고 갈등하고 있다는 것도 좋아 보이지 않았다. 이민 1세만이 아니라 2세 3세도 살아가야 하는 땅에서 과연 이것이 다음세대에게 유익이 되는지에 관하여 긍정적인 확신이 생기지 않았다.

더욱이 LA 국제 마라톤 대회가 열리는 3월 첫째 주일이 바로 나성영락교회 창립기념주일이기도 했다. 이민 교회의 모교회의 역할을 감당해야 하는 나성영락교회가 보다 선교적인 관점으로 성숙하게 이 문제를 이끄는 것이 합당해 보였다.

오랫동안 이 문제를 마음에 담고 주님 앞에 기도로 준비하여 2004년 초에 당회에 한 가지를 제안했다.

"이번 창립기념주일에는 LA 국제 마라톤 대회에 우리 교회도 참여하면 좋겠습니다. 늘 있는 여러 행사의 한 가지로 행사로 진행하기보다는 진정한 의미에 있어서 예배의 삶이 무엇인가를 함께 고백하는 차원에서 이 일을 계획하겠습니다. 단 당회원들이 만장일치로 결정하실 경우에만 진행하겠습니다. 그리고 당회원들이 만장일치로 결정하실 경우엔 저도 나가서 뛰겠습니다."

아무리 유익한 프로그램이라도 당회가 분열하는 것은 안 될 일이었다. 그래서 만장일치를 조건으로 내걸었다. 이 행사의 타이틀은 '사랑의 달리기'이다.

'사랑의 달리기'의 목적
° 교회는 세상과 단절하거나 적대적인 관계가 아니라 축복하는 관계가
  되어야 함을 고백한다.
° 진정한 예배는 삶과 분리되지 말아야 한다.
° 교회는 이웃과 세상으로 나아가는 방향을 추구해야 한다.
° 우리가 받은 사랑과 축복을 부지런히 이웃과 세상에 나눈다.

'사랑의 달리기'의 구체적인 방안
° 원하는 교인은 풀코스 마라톤에 참여한다.
° 소망부(장애인 부서)는 교사나 학부모와 함께 5킬로미터 걷기에 참여한다.
° 주최측으로부터 홍보부스를 배정받아 마라톤 선수들에게 물과
  오렌지 주스를 나누어 주며 그들을 축복하고 전도한다.
  (행사 당일 우리 부스에는 "예수님은 당신을 사랑하십니다(Jesus Loves You!)"라고 제작
  한 현수막을 크게 걸어 놓는다.)
° 모금을 해서 어려운 이웃들을 돕는다.

◦ 당일 모든 예배는 평소와 같이 동일하게 진행하며, 두 번의 예배를 더 준비한다. (평소에 주일에 5번의 예배를 드렸는데 당일은 7번 예배를 드렸다.)
참가하는 모든 사람은 새벽 6시에 다 같이 모여 먼저 예배를 드린다.
그리고 7번째 예배에는 우리가 모금으로 지원하는 단체를 모두 초청해서 함께 감사의 예배를 드린다.

쉽지 않은 결정이었을 텐데 당회원은 만장일치로 이 계획을 통과시켰다. 그 결과 우리 교회는 마라톤 대회 참여 행사로만 1억 원 정도를 모금했다. 그리고 멕시코인, 중국인, 아프로-아메리칸, 한인 등 다양한 기관에게 사랑의 기금을 나눌 수 있었다.

문제는 당회의 이런 결정이 주일에 교우들에게 알려지자 바로 다음 날 월요일 일간지 사회면에 크게 뉴스로 기사화되었다. 기독교 교계와 그들 가운데 중심 역할을 하고 있는 기독교 언론기관들이 가장 먼저 반응했다. 그들은 강하게 반대했다. 그동안 교계와 대회 주최측 간의 대립관계가 있었기에 일면 당연하다고 생각했다. 일종의 괘씸죄이기도 했다. 젊은 목사가 부임하더니 지금까지 교계가 하던 일을 왜 반대하느냐는 것이다.

충분한 이해를 위해서 지도자들을 만나 행사의 목적과 계획들을 나누고 대화했지만 반대하는 그들의 생각은 전혀 바뀌지 않았다. 나는 우리 교회가 계획하는 일들, 특별히 왜 이런 일을 하는지에 대해서는 있는 그대로 보도해 달라고 요청했다. 그러나 나의 이 부탁도 받아들여지지 않았다. 그들은 왜 이런 행사를 하는지, 모금

을 통해서 지역 사회의 다양한 커뮤니티를 돕겠다는 계획 등은 전
혀 보도 하지 않았다. 온갖 부정적인 이야기들만 보도하면서 꽤 오
랫동안 반대했다.

그 당시 교우들에게 알렸던 내용이다.

나성영락교회는 "사랑의 달리기"라는 이름으로 3월 7일에 열리는 LA
국제 마라톤 대회에 참가합니다. 이번 행사의 주요한 목적은 다음과
같습니다.

- 우리 나성영락교회가 그리스도의 정신으로 세상을 사랑하고 세상에
  축복을 나누고자 함을 알린다.
- 그리스도를 믿지 않는 세상과 사람들에게 복음의 정신을 알린다.

일부 교계에서 이 행사에 대한 우려와 반대의 뜻을 표명했습니다.
그 내용은 크게 두 가지라고 생각합니다. 첫째는 성수주일 문제이며,
둘째는 10여 년 전에 했다는 마라톤 대회 자체를 다른 날로 옮기는
문제였습니다.
첫째, 성수주일 문제를 해결하기 위해, 우리는 이번 대회에 참석하는
교인 모두가 주일예배에 참석하도록 할 것입니다. 본래 주일에는
다섯 번의 예배를 드리지만, 당일에는 두 번을 더 준비합니다. (오전 6시:
참가자들을 위한 예배 / 오후 4시: 모든 참가자와 지원자, 지원하는 단체들에서 모여 함께

주일 성수의 정신은 주님이 가르쳐 주신 대로 3가지 요소가 있어야 합니다. 첫째는 일을 쉬는 것, 둘째는 예배드리는 것, 셋째는 선교적인 일을 하는 것입니다. 유대인들이나 한국 교회는 첫째, 둘째는 비교적 잘 지키지만 셋째의 부분은 매우 약하다고 생각합니다. 주님도 안식일에 병자들을 고친다는 이유로 많은 도전과 비난을 받으셨지만, 안식일의 근본정신을 나타내시기 위하여 고난당하는 자들을 위한 일을 계속하셨다는 사실을 기억해 주십시오.

내가 기뻐하는 금식은 흉악의 결박을 풀어 주며 멍에의 줄을 끌러 주며 압제 당하는 자를 자유하게 하며 모든 멍에를 꺾는 것이 아니겠느냐 °사 58:6
하나님 아버지 앞에서 정결하고 더러움이 없는 경건은 곧 고아와 과부를 그 환난중에 돌보고 또 자기를 지켜 세속에 물들지 아니하는 그것이니라 °약 1:27

둘째, 마라톤 대회를 다른 날로 옮기는 문제에 대하여 교계의 의견이 모아진다면 우리 나성영락교회도 이 일에 동참할 것입니다. 단 교계의 의견을 모으는 과정에서 반드시 확인하고 점검해야 할 요소가 있음을 말씀드리고자 합니다.

LA 국제 마라톤 대회는 이미 시행되고 있는 시민들의 축제입니다. 인종,

종교와 관계없이 모두가 동참할 수 있도록 시행되고 있는 행사인데, 우리 이민 교회가 우리의 뜻에 맞지 않는다고 이것을 다른 날로 옮기라고 하는 것이 과연 설득력이 있겠습니까? 그리고 그것이 과연 세상에 그리스도의 정신을 드러내는 일일까요? 이를 점검해야 한다고 믿습니다.

이런 일은 몇몇 한인 교회들과 목사님들만으로 성사될 수 있는 일이 아닙니다. 타인종 교계와 공감대를 형성하여 다수의 지지를 받을 수 있어야 하는 일입니다. 그러므로 이런 일을 이룰 때는 지금보다는 훨씬 많은 노력이 다양하게 이루어져야 합니다.

··· 완주하게 하옵소서

이 행사가 논쟁이 되면서 기독교 언론들 뿐 아니라 일반 언론들도 이 논쟁에 뛰어들었다. 미주 지역에서 가장 많이 보는 신문은 미주 한국일보와 중앙일보이다. 어떤 신문은 독자 의견란을 통해서 하루는 찬성, 그다음 날은 반대 의견을 싣기도 했다. 신문뿐 아니라 라디오 방송에서도 시청자들이 의견을 내면서 다양한 프로그램에서 '이 행사가 옳으냐, 옳지 않느냐' '나성영락교회가 잘하는 것이냐, 잘못 하는 것이냐' 등 논쟁이 이어졌다.

그러면서 나성영락교회가 왜 이런 일을 하는지, 이것을 통해서 어떤 일을 계획하는지가 알려지기 시작했다. 분위가 바뀌기 시작했다. 교계에서도 많은 교우가 우리 그리스도인들이 나가야 할 방향을 제시해 주었다고 지지해 주었다. 더욱이 일반 이민 사회는 일부 교계와는 달리 적극적으로 지지해 주었다.

이런 갈등이 한 달 이상 진행되면서 많은 교우의 격려 편지와 카드를 받았다. 이런 내용이 담겨 있었다.

"목사님, 꼭 완주해 주십시오. 도중하차하시면 안 됩니다. 결승점에 들어오실 때에도 지친 모습이 아니라 환히 웃는 모습을 유지해 주시기를 바랍니다."

아찔했다. 난 본래 조깅도 하지 않는다. 태어날 때부터 허리에 문제가 있다고 병원에서 두 번이나 진단을 받았다. 못한다는 것이 맞는 표현이다. 목사가 주일에 나가서 뛰는 것은 신앙적인 것을 행동으로 표현하는 상징적 행위이므로 완주하는 것과는 아무런 관계가 없다고 생각했다. 5킬로미터를 뛰든 10킬로미터를 뛰든 메시지를 나누는 일과는 사실 아무런 관계가 없다.

그렇다고 순수한 교우들을 실망시킬 수는 없었다. 이 순간부터 내 기도에는 주님께만 영광이 되게 해 달라는 것 외에 한 가지 제목, "완주하게 하여 주옵소서"가 추가되었다. 또 하나, 도중하차할 수 없었던 이유가 있었다. 논쟁이 커지다 보니 실제로 몇 곳에서 기자들이 기다리고 있었기 때문이다. 어차피 완주하여야 할 숙명이 되고 말았다.

··· 주일에 마라톤을 뛰다

마라톤 대회를 일주일 앞두고 당회를 소집했다. 장로님들에게 이렇게 말씀을 드렸다.

"저는 이 일을 제안드렸을 때부터 지금까지 우리의 계획과 그 목적이 잘못되었다고 생각하지 않습니다. 지금도 변함없이 주님이 이 일을 축복해 주시리라 확신합니다. 하지만 그동안 적지 않은 논쟁이 교회 밖에서 있었기에 오늘 장로님들께 여쭙겠습니다. 여기서 멈추는 것이 교회를 위하여 더 좋겠다고 생각하는 분이 계시다면 말씀해 주기를 바랍니다. 이 일을 진행해 온 과정에서도 이미 교회의 목적과 사명에 대하여 많은 공감대를 이루었다고 생각합니다. 물론 당회원들께서 변함없이 지지해 주신다면 적극적으로 진행하겠습니다."

장로님들은 모두 조용했다. 그러던 중에 선임급에 해당하는 장로님이 자리에서 일어났다.

"목사님, 감사합니다. 밖에서 이런저런 소리가 있을 때 우리 장로들이 먼저 당회에 요청해서 '목사님 걱정하지 마십시오. 저희가 잘 지원해 드리겠습니다'라고 했어야 했는데, 오히려 목사님이 당회에 요청하셔서 우리 장로들의 마음을 헤아려 주시니 참 감사합니다. 제 생각에 목사님은 우리 교회뿐 아니라 이민 교회들과 한국 교회에서 변화를 이끄실 목사님이라고 생각하는데, 교회가 결정한 이번 일에 물러서면 앞으로 어떤 변화를 이끄시겠습니까?"

이 발언으로 모든 것은 마무리되었고, 우리는 내적으로 한 팀이 되었다.

그날 장로님의 발언은 지금 생각해도 감사하다. 교회의 변화를 이끌어 달라는 간절한 소망이 담겨 있었기 때문이다. "모든 개신교(개혁교회)는 그 근본 정신이 '교회는 늘 새로워져야 한다'(The church must always be reformed by the Word of God)"는 것이다.

언제나 그렇듯이 변화와 개혁은 내적으로나 외적으로나 저항이 있게 마련이다. 그 저항에 맞서지 않으면 교회는 시대의 변화를 따라가지도 못하고 과거 지향적 공동체로 남아 있게 된다.

3월 7일 마라톤 당일 기온이 30도가 넘었다. 마라톤에 참가한 이들이 달리다가 구급차에 실려 가는 모습도 많이 보였다. 언론에서도 LA마라톤 사상 가장 기온이 높은 날이라고 보도했다. 하지만 놀라운 것은 힘들어서 더 이상 뛰지 못하겠다는 생각이 한 번도 들지 않았다는 사실이다. 물론 걷고 뛰고를 반복하였지만 너무 힘들다거나 괜히 뛰었다거나 하는 어떤 후회도 없었다. 기도의 힘이라고 확신한다. 이 일을 통하여 오직 하나님께 영광을 돌리고 이 땅의 교회들이 복음과 사랑으로 무장하고 세상으로 나아가서 사랑과 축복을 나누는 아름다운 변화가 일어나기를 소망하는 기도로 무장하고 있었기 때문이었다.

보통 마라톤에 참가 하려면 대략 6개월은 연습 일정표에 맞추어 훈련하여야 가능할 뿐 아니라 몸을 다치지 않는다고 한다. 하지만 나는 그럴 여유가 없었다. 젊은 집사님 중에서 마라톤을 20회 정도 완주한 집사님이 코치로 자원했다. 그리고 평소에 달리기를 하던 집사님들이 동행하기로 했다.

매 토요일마다 둘레가 3마일(4.8킬로미터)되는 로즈볼이라는 곳에서 만나 첫날은 3마일, 그다음은 6마일, 이런 식으로 네 번에 걸쳐 12마일까지 뛰어 보고 마라톤에 참가했다. 사실 성령께서 함께하시지 않으면 가능한 일이 아니었다.

코치 집사님이 평소에도 뛰지 않던 목사를 보필하면서 힘들어 보일 때마다 조금씩 쉬면서 걸으라고 코치해 주었다. 이렇게 자주 걸으며 시간이 지체되다 보니 우리가 돕기로 한 단체들과 함께 예배 드리기로 한 마지막 예배 시간에도 들어가기 쉽지 않아 보였다. 그래서 살펴보니 코치 집사님이 나보다 더 지쳐 있는 게 보였다. 그래서 집사님에게, "집사님, 제가 먼저 갈게요. 천천히 오세요" 하고 먼저 뛰어갔다.

그 후에 생각해 보니 코치 집사님은 자신의 페이스에 맞추어 늘 뛰던 분인데 내 페이스에 맞추어 걷고 뛰다 보니 더 지치게 된 것을 이해할 수 있었다. 이렇게 결승점에 들어갈 때 시계를 보니 6시간 35분이 지났다. 그래도 마라톤을 완주했다. 은혜로 이루어진 기적이었다.

여담이지만, 마라톤 직후 당시 LA에 방문 중이던 하용조 목사께서 "다음에 이런 멋진 일을 또 하면 CGN에서 아예 방송을 해 줄게” 하셔서 “목사님, 저도 계속 목회해야 합니다” 하며 함께 웃었다.

··· 우리는 어떤 교회를 원하는가

마라톤을 마친 이후 준비되어 있던 차를 타고 교회로 향하였는데 교우들이 예배당 마당과 계단에 꽉 차도록 나와서 박수로 환영해 주었다. 너무나 큰 감동이었다. 내가 격려를 받는 것도 귀하지만, 이 아름다운 일에 온 교우가 함께하고 있다는 사실에 더욱 감사했다.

당일 마지막 예배는 모든 교우가 함께 모금한 기금을 전달하기 위해서 멕시코인, 중국인, 아프로-아메리칸, 그리고 한인 단체가 다 함께 모였다. 35년 동안의 목회 가운데 예배 중에 온 교우가 그렇게 많이 울고 박수 치며 드린 예배는 없었다. 감동 그 자체였다.

이 일 이후에 주님이 베풀어 주신 축복은 더욱 놀라웠다. 우선 교회는 한 마음이 되었다. 특별히 하나님의 뜻이 무엇인지 고민하고 기도하면서 한 마음을 이루었기에 내적으로나 외적으로 연합을 이룬 것이다.

나성영락교회는 예산의 10퍼센트를 선교로 지원했다. 1년의 대략 예산이 1,200-1,300만 달러(약 150억 원) 정도였는데, 매년 15억 원 정도를 지역 사회와 이웃을 위하여 사용하면서 세상으로 축복을 흘려보내는 선교적 공동체로 변화되었다.

이러한 결과로 젊은이들이 크게 부흥했고 믿지 않는 이들이 교

회로 나오기 시작했다. 새가족을 환영하는 자리에서 교회를 찾아
나오는 분들이 자주 이런 이야기를 해주었다.

"이런 교회라면 나가고 싶었습니다."

그렇다. 교회에서 선포되는 메시지의 핵심은 사랑이다. 하나님
이 사랑이시기 때문이다. 하지만 적극적으로 행함이 따라가지 않을
때 강단에서 울리는 메시지는 공허하게 들릴 수밖에 없다. 지역과
이웃에게 사랑을 나누면서 발견한 것은 많은 사람이 사랑을 행함으
로 보여 주는 교회를 찾고 기다린다는 사실이다.

교회의 방향이 선교적으로 세상을 향하면서 세례를 많이 베풀
수 있었다. 새로운 교우들이 많이 늘어나면서 가장 큰 기쁨은 그들
을 복음으로 양육하여 세례를 베풀 수 있었다는 점이다.

Chapter 20

사랑으로
우리 지역을 품으세요

2012년 잠실교회에 부임하였을 때 교회 바로 옆에 성동구치소가 있는 것을 알게 되었다. 구치소를 보는 순간 최후의 심판에 대하여 주신 주님의 말씀이 떠오르며 감사하다는 생각이 들었다.

> 그때에 임금이 그 오른편에 있는 자들에게 이르시되 내 아버지께
> 복 받을 자들이여 나아와 창세로부터 너희를 위하여 예비된 나라를
> 상속받으라 내가 주릴 때에 너희가 먹을 것을 주었고 목마를 때에
> 마시게 하였고 나그네 되었을 때에 영접하였고 헐벗었을 때에
> 옷을 입혔고 병들었을 때에 돌보았고 옥에 갇혔을 때에 와서
> 보았느니라 °마 25:34-36

주님이 깊이 관심하시는 곳이 가까이에 있다는 것은 주님의 뜻을 이루기 더 쉽다는 뜻이다. 구치소도 소위 혐오 시설처럼 여겨지는 때가 많다. 하지만 주님의 마음을 통하여 본다면 가까이에 진정 주님의 사랑이 필요한 곳이 존재한다는 것은 축복이다. 왜냐하면 부유한 동네 또는 부족함이 없는 지역에는 상대적으로 도움의 손길을 필요로 하지 않기 때문이다. 교회는 도움의 손길을 펼칠 대상을 찾는 것도 쉽지 않다.

부임하자마자 감사하는 마음으로 성동구치소에 연락했다. 그곳에는 신우회가 있었고, 그들과 연계하여 수용자들을 돕는 일들을

시작할 수 있었다.

이 일을 시작으로 지역 사회의 여러 기관과 도움이 필요한 곳을 찾아 주님의 사랑을 나누기 시작했다. 성동구치소뿐 아니라 지역 사회에서 사랑이 필요한 부분을 찾아 사랑의 손길을 나누기 시작했다. 다문화 가족들, 탈북민, 장애인, 저소득층 등 소중한 하나님의 사람들이다. 이런 사랑의 노력을 근거로 사단법인 러브트리를 설립했다.

미국에서 목회하는 중에 이런 질문을 가지고 있었다. '과거에 크게 성장하고 세계 선교를 이끌었던 미국 교회가 왜 이렇게 약화되었을까?' 여러 가지 요인이 있겠으나, 한 가지 발견한 중요한 요인은, 교회가 베풀던 선행이 세금으로 처리되기 시작하면서부터가 아닐까 생각했다. 그런 계기로 교회에는 사역만 사라진 것이 아니라 강단의 힘도 사라져 버린 것이다. 교회가 끊임없이 부르짖는 것은 사랑인데, 사랑의 행위로는 이제 국가를 따라갈 수가 없는 것이다. 국가와 교회는 사용할 수 있는 금액의 차이도 비교할 수 없을 만큼 크다. 그러나 국가에서 제도화하는 선행에는 종교적 내용을 담을 수 없다. 이러한 문제가 점점 더 교회를 약화시킨 것이다.

오늘날 많은 교회가 더 많은 사랑을 지역과 나누기를 원하지만 이제는 지역에서 그 손길을 바라지 않는 단계에 이르렀다. 선행은 우리가 의지만 가지고는 이룰 수 없을 정도로 교회의 선교적 여건이 어려워졌다. 이런 위기를 뚫고 나갈 수 있는 제도가 필요한데 그

것이 바로 사단법인이다.

2019년 사단법인 러브트리 창립총회를 가졌다.

"러브트리" 설립 목적
지역 사회의 빈곤 및 취약 계층 등 도움이 필요한 사람들에 대한 지원과 도움이 필요한 학생들에 대한 장학금 지원 등 각종 지원 사업을 수행함으로써 그들의 삶의 질 향상에 기여함을 목적으로 한다. 아울러 지역 사회의 취약 계층을 돕는 일에 젊은이들과 어린이들이 참여하고 봉사할 기회를 제공하므로 지역 공동체로서 더불어 살아가는 건강한 시민의 길을 배우며 아름다운 꿈을 키워 가도록 돕는다.

매년 3억 원 정도의 예산으로 지역 사회의 다양한 계층들에게 사랑의 손길을 펼치고 그들과 선한 일에 협력하고 있다.

··· 참좋은식탁을 세우다

지역 사회와 사랑으로 소통하는 것은 교회의 미래를 위해서 매우 중요하다. 교회는 자신 밖을 위하여 존재하는 곳이다. 교회는 자기 자신을 위하여 존재할 때 부패하고 무력해지기 시작한다. 그러나 밖을 위하여 존재할 때 교회는 건강해지고 자라 갈 수 있다. 왜냐하면 이것이 생명의 원리이고 교회의 원리이기 때문이다.

선지자 에스겔은 포로시기에 나라의 회복과 함께 성전 회복의 예언을 했다. 이 성전의 회복은 단순히 건물의 회복이 아니라 하나님이 원하시는 성전으로의 회복을 보여 준다. 에스겔서 47장에 기록된 성전의 모습을 보면 성전에서 생수가 흘러나와서 성전 밖으로 흘러 나간다. 성전 밖으로 흘러 나가는 생수로 인하여 강이 살아나면서 꽃이 피어나고 나무들이 자라면서 동시에 동물들이 활기를 찾기 시작한다. 하나님이 원하시는 교회도 역시 마찬가지여야 한다. 교회를 통하여 하나님의 축복이 교회 안에 머물지 말고 밖으로 흘러 나가야 교회의 목적을 이룰 수가 있다.

문제는 오늘날 지역과 소통하는 것이 쉽지 않다는 것이다. 우리 사회도 점점 더 기독교에 대하여 배타적으로 바뀌고 있는 것이 현실이다. 사회가 다변화하고 다인종 다문화 사회로 흘러가고 탈종교 시대로 갈수록 이런 현상은 더 많아질 수 있다.

이러한 점에서 교회는 지역과 소통하고 연계하여 주변의 어려운 이들에게 사랑을 전하는 일을 찾아내야만 한다. 받아들이지 않기에 아무 것도 하지 못한다면 결국 사회 속에 존재하는 교회의 존재 목적은 점점 더 사라지기 때문이고 또한 선교적인 열매도 맺히지 않기 때문이다. 이러한 현실 속에서 잠실교회에서는 2025년 3월부터 '참좋은식탁'을 세우고 운영하고 있다. 한끼 3천원에 누구든지 와서 식사할 수 있도록 열려 있는 식당이다.

이미 한국에는 '따뜻한 밥상'이라는 식당이 열여덟 개 정도가 있다. 미국에서 목회하던 최운형 목사가 그리스도의 사랑을 나누기 위해서 2000년도에 연신내 1호점을 세운 이후, 벌써 다양한 지역에

18호점까지 세웠다. 따뜻한 밥상이 참좋은식탁의 모델이 되어 준 셈이다.

따뜻한 밥상은 기본적으로 목사가 주방장을 맡아서 직접 음식을 만들어 누구든지 3천 원을 내고 먹을 수 있게 하는 식당이다. 말씀과 삶이 함께 가는 귀한 모델이다. 목사의 헌신이 바탕이 되어 있는 이 모델은 식당을 찾아오는 다양한 사람들을 대상으로 주일에는 교회의 모습으로 발전할 수 있다. 이미 여러 곳에서 예배를 드리고 있다고 한다. 개척 성공률이 극히 떨어지는 요즘에 특별한 접근으로 교회를 세워 가고 있다. 다만 이런 모델에는 반드시 헌신된 목사가 있어야 한다. 헌신된 목사를 찾지 못한다면 이런 식당은 확장되지 못한다는 것이 한계점이다. 또 한가지, 자원봉사자들을 확보하는 일이 그렇게 쉽지 않다.

이런 점들을 보완해서 시작한 참좋은식탁은 목사가 아닌 교인들이 자원해서 이 일을 이어 나간다. 이 모델의 장점은 여러 자원봉사자가 모여 서로를 격려하고 협력하여 나갈 수 있기에 운영이 더 용이하다. 최고의 장점은 어느 교회나 자신들이 속한 지역 사회에서 이런 방법으로 지역 주민들에게 사랑을 전할 수 있다는 점이다.

··· 참좋은식탁 1호점
2025년 3월에 잠실교회 가까운 곳에 참좋은식탁이 세워졌다.

인력은 자원봉사로 운영되기 때문에 식탁을 연 이후 첫 달부터 조금씩이지만 소위 흑자가 났다. 이렇게 쌓여 가는 이익금을 모아서 벌써 두 번째 무료 식사 쿠폰 300매를 배포했다. 첫 번째는 주변 지역 저소득층에게 나누었고, 두 번째는 고시원에서 기거하는 분들에게 나누었다. 참좋은식탁은 이윤을 얻기 위해서가 아니라 나누기 위해서 시작했고 운영하는 곳이기 때문이다. 모든 봉사자가 최선을 다하며 섬기는 이유도 그들의 헌신 속에 담긴 사랑이 한 사람에게라도 더 전달되기를 바라는 것이다. 이익금이 남지 않고 온전하게 나누어질 때 봉사자들은 더욱더 기뻐한다. 매우 특별한 식당이다.

참좋은식탁은 초기 단계부터 본래의 목적에 부합하게 세워지고 운영될 수 있도록 면밀한 검토를 거쳐야 한다. 먼저 관심이 있는 이들이 모여 기도하는 일부터 시작한다. 중요한 일일수록 기도의 준비가 절실하며 선한 일일수록 악한 영들의 방해도 강해질 수 있기 때문이다.

최선을 다하기만 하면 하나님이 기뻐하시는 일이 자동적으로 이루어지는 것은 분명 아니다. 하나님이 기뻐하시는 길을 찾기도 하고 오직 하나님께 영광을 돌리는 길이 무엇인지를 깊이 생각해야 한다. 특별히 지역 주민들에게 따뜻하게 다가가고 마음을 열고 찾아올 수 있는 곳이 되어야 하며 주변 상권과의 갈등도 없어야 한다.

식당도 외진 곳이나, 번화가의 1층보다는 2층에 자리 하는 것이 더 좋다. 이익을 많이 내는 것이 목적이 아니라 필요로 하는 사람들이 편하게 올 수 있는 곳이 더 필요하기 때문이다.

메뉴는 김치찌개 한 가지이다. 가짓수가 많아지면 봉사자의 손이 부족해질 수 있기 때문이다. 가격을 3천 원으로 정한 것도 여러 가지 요소를 고려한 결과다. 너무 싸면 가볍게 대할 수도 있고 너무 비싸면 정작 필요로 하는 이들이 오기 힘들어진다. 3천 원을 적정선으로 보는 중요한 이유는 음식을 먹는 이들에게 '내가 값을 내고 정당하게 먹는다'는 편안함을 주려는 것이다. 3천 원보다 싸면 혹 내가 도움을 받거나 구제를 받는다는 느낌을 가질 수 있다.

자원봉사자들도 봉사하면서 너무 전도에 집착하지 않는다. 길게 보면 그리스도의 사랑을 전하는 매우 선교적인 일이지만, 저렴한 가격으로 한 끼 식사를 해결하려는 이들에게 전도가 앞서면 그들이 편안하게 식당을 이용하기가 어려워진다. 일차적으로 중요한 것은 이 식당을 이용하는 이들이 편안하게 식사할 수 있도록 돕는 일이 되어야 한다.

··· 참좋은식탁 2호점

참좋은식탁 1호점이 2025년 3월에 시작되었는데, 2026년 초부터는 2호점이 세워질 예정이다. 잠실교회의 지교회인 아름다운위례교회 교우들 중심으로 지역 사회에 그리스도의 사랑을 전하고 그들을 섬기기 위해 이 일에 적극적으로 참여하기로 했다.

2호점은 마천 시장 입구에 이미 운영되고 있던 따뜻한 밥상을
인수하면서 참좋은식탁 2호점으로 전환하게 된 것이다. 이것은 목
회자 중심으로 운영하던 식당을 교우들의 자원봉사 중심으로 전환
한 것과 같다. 이미 설명한 바와 같이 평신도들의 사역으로 전환할
때 자원봉사자들의 참여와 협력이 훨씬 더 용이해질 뿐 아니라 선
교적으로도 보다 적극적으로 지역에 선한 영향력을 끼칠 수 있다.
선한 일에 동참하는 교우들의 영적 생활에도 큰 유익이 있다. 그뿐
만 아니라 다른 교회들도 이런 지역 선교 모델을 쉽게 참고할 수 있
게 되는 것이다.

앞으로 참좋은식탁의 섬김을 통해서 아름다운위례교회가 영적
으로 더욱더 활발해지고 건강해질 것을 기대한다. 그뿐만 아니라
잠실교회와 아름다운위례교회의 이러한 사회 선교가 다른 교회들
에게도 모범이 되어서 많은 교회가 지역 사회에서 그리스도의 사랑
을 효과적으로 드러내기를 바란다. 이를 통해 하나님의 나라가 지
역 속에서 더욱 힘차게 이루어질 것을 기대한다.

··· 마천시장을 내게 주소서

우리나라에는 지역에서 전통시장이 가지는 위상이 있다. 서민
을 대표하기도 하고 더불어 살아가는 현장처럼 여겨진다. 마음속에
저 마천시장에 사랑의 관계를 맺고 싶은 간절한 바램이 생기기 시

작했다. 하지만 시장처럼 접근이 어려운 곳도 많지 않다. 왜냐하면 시장 안에서 2-300명 정도의 상인이 자신의 이익을 위하여 열심히 일하는 곳이 아닌가. 그들 중에는 비기독교인들도 있기에 교회가 어떤 형태로든 연결점을 찾는 것은 쉬운 일이 아니다.

마천시장을 생각할 때 "이 산지를 지금 내게 주소서"(수 14:12)라고 하던 갈렙의 기도가 떠올랐다. 갈렙이 달라고 하던 그 산지는 오늘날처럼 가격 전망이 좋다거나 부자들이 살아가는 요지가 아니다. 그 산지는 험한 곳이다. 더욱이 아낙 사람, 즉 거인족들이 살고 있으며 그들은 철병거까지 가지고 있었기에 바로 난공불락의 장소이다. 그러므로 젊은 사람들도 감히 쳐들어갈 수 없는 두려운 곳이다.

마땅히 하나님이 이미 허락해 주신 약속의 땅이기에 믿음으로 차지해야 하지만, 이스라엘에게는 그 땅에 들어갈 만한 믿음이 없었다. 그 산지를 바라볼 때마다 아낙 자손으로 인한 두려움도 있지만 사실은 믿음이 없는 자신들을 보면서 부끄러웠을 것이다.

이러한 상황에서 그들 가운데 가장 나이가 많은 갈렙이 "이 산지를 지금 내게 주소서"라고 여호수아에게 요청하는 것이다. 자신의 이익이나 지파의 이익을 위하여 편안한 곳을 내가 차지하겠다는 것이 아니다. 그 누구도 못하는 일이기에 나이든 내가 감당하겠다는 결연한 요청인 것이다.

이러한 마음으로 "마천시장을 내게 주소서"라는 제목을 두고 1년 내내 주님께 기도드렸다. 지역에서 서민들을 상징하는 저곳에 주님의 사랑으로 들어갈 수 있다면 주님이 얼마나 기뻐하실까를 생각하며 그런 기도를 드렸다.

교회가 놓인 지역이 가장 중요한 선교지라고 생각할 때에 어떻게해서든지 그 시장을 뚫고 들어가고픈 거룩한 욕망이 생겼다. 그러나 특별한 방법은 떠오르지도, 연결되지도 않았다. 그러다가 가을을 맞이하게 되었고 내 마음이 다소 초조해졌다.

주님께 간절히 기도하기는 했는데 상황에 아무런 변화가 없었다. 한편으로는 어설프게 접근하다가 거부당하면 또다시 접근하기는 어렵기에 좀 더 두고 볼까 싶었다. 다른 한편으로는 특별한 변화가 없다고 아무런 시도도 하지 않는 것이 과연 믿음이 있는 이의 자세인가 싶었다. 두 마음이 오락가락했다.

왜냐하면 마천시장에 교회가 들어갈 수 있는 최적의 시기는 바로 크리스마스 시즌이기 때문이고, 바로 이것을 위해서 기도해 왔기 때문이다. 기독교적 메시지를 전하기에도 가장 적절하고 많은 사람들이 크리스마스 하면 바로 교회의 절기임을 알기 때문이다. 크리스마스 때 들어가려면 11월에는 마땅히 이야기가 되어야 했다.

기도하는 중에 '그래도 선한 목적으로 1년 동안이나 기도해 왔는데 아무것도 하지 않는 것은 믿음이 아니다'라는 마음이 생겨났다. 최선을 다해 방법을 찾아 시도해 보기로 마음을 정하고 주변에 알아보기 시작했다. 만나는 사람마다 붙잡고 "혹시 마천시장 상인이나 임원들 중에 아는 분이 있으신지요?" 하고 물었다. 뜻밖에 한 권사님이 상인회 회장님을 안다고 하셨다. 얼마나 반갑고 기뻤는지 모른다. 그래서 그 권사님에게 부탁을 드렸다.

"권사님, 상인회 회장님께 부탁을 드려 보아 주십시오. 크리스마스 시즌에 우리 교우들이 가서 물건을 구입해 드리겠습니다. 혹시 원하시면 필요한 크리스마스 장식을 시장에 해드리겠습니다. 그리고 혹시 허락하시면 크리스마스 캐롤을 시장에서 부를 수 있으면 좋겠습니다."

그리고 약간은 초조한 마음으로 기다리고 있는데 곧바로 권사님으로부터 전화가 왔다.

"목사님, 성탄절에 오시라는데요."

할렐루야!가 절로 나왔다.

"그래요. 가능한 시간을 알려 주시면 찾아뵙겠습니다."

곧 약속이 성사되었고 만남이 이루어졌다. 처음 만난 자리에서 상인회장님은 "지금까지 오랫동안 이곳에서 장사했습니다. 그동안 수많은 교회가 시장에 왔지만 물건을 구입해 주겠다고 한 교회는 처음이었습니다. 모두 교회의 이익을 위해서 시장을 찾아왔지요"라고 첫 마디를 꺼냈다.

오늘날 교회가 지역 사회를 돕겠다고 해도 사회는 잘 받아 주지 않는 것이 사실이다. 마천시장을 통하여 얻은 깨달음은 '역시 교회는 언제나 베푸는 자가 되어야만 세상으로 들어갈 수 있구나'였다.

그렇게 해서 성탄 시즌에 많은 교우와 함께 처음으로 마천시장을 찾아갔다. 수백 명의 교우가 시장에 흩어져 물건을 사고 시장 내에 있는 식당에 가서 식사를 하면서 상인들에게 작은 선물을 나누며 성탄 인사를 나누었다.

시장 내에는 교회가 마련해 준 네온싸인이 예수 탄생을 축하하듯 환히 밝히고 있었다. 내 마음에는 그 어떤 성탄절기 보다 더 큰 감사로 가득했다. 우리를 위하여 이 땅에 찾아오신 주님의 은혜를 감사할 뿐 아니라 선교적인 역사를 친히 이끌어 가시는 주님의 은혜를 또한 감사했다.

이렇게 마천시장과의 아름다운 동행이 펼쳐졌다. 교회는 이 소중한 기회를 가볍게 여기지 않았다. 1년에 최소한 두 번에 걸쳐 명절을 앞두고 온 교우가 마천시장에서 물건을 구입했다. 한 번 두 번 만남이 이어질 때마다 상인들과의 관계도 더 가까워졌다.

교우들은 그 마음 속에 이러한 일이 주님의 사랑을 나누는 일이라는 것을 알기에 마천 시장에서 물건을 구입할 때는 값을 깎지 않는다. 오히려 넉넉한 마음으로 구입한다. 교우들의 성숙한 자세를 대할 때마다 그리스도의 향기와 함께 깊은 감동을 느낀다. 상인들 역시 이러한 교우들을 대하며 감사하는 마음이 생겼을 것이다.

이렇게 마천시장과 교회 사이에 귀한 교제가 이어져 갔다. 몇 년이 지났을까. 부활절을 앞두고 처음 상인회와 연결해 주셨던 권사님으로부터 연락이 왔다.

"목사님, 마천시장 상인회에서 이번 부활절에 교회에 떡을 만들어 보내신답니다."

너무나 놀라웠다. 동시에 얼마만큼의 떡을 보내신다는 것일까 궁금했다. 온 교우가 함께 나누어 먹으려면 꽤 많은 떡이 필요했다. 그런데 이 많은 떡을 어떻게 만들어 보낸다는 것이었을까?

궁금함을 못 참고 권사님에게 물어봤다.

"권사님, 너무나 고맙다고 전해 주십시오. 그런데 얼마나 해 보내주신다는 것이지요?"

"다 해 보내시겠답니다."

"다요?"

아무래도 이상했다. 권사님께 다시 연락을 드려서 정확하게 얼마만큼 만들어 주실지를 여쭈어 달라고 했다. 답이 왔는데 한 가마를 만들어 주신단다. 떡 한가마면 80킬로그램을 말한다. 온 교우와 나누기엔 턱없이 부족했다. 상인회 회장님이나 임원들은 실제로 우리 교회에 와 본 적이 없었다. 아니, 다른 교회도 다니지 않았다. 쌀한 가마면 어느 교회나 충분하다고 생각했을 것이다. 그래도 이 얼마나 감사한 일인가? 주문하지도 않은 부활절 떡을, 교회가 시장으로 보낸 것도 아니고, 상인회에서 만들어 보내 준다는 것은 평범한 일이 아니다.

너무나 기쁘고 감사한 마음으로 회장님께 연락을 드려서 감사의 뜻을 전했다. 보내 주신 떡으로 이번 부활절은 매우 특별한 절기가 될 것임을 전했다. 실제로 그해 부활절은 모든 교우가 기쁨의 박

수로 화답했다. 놀라운 일을 이루시는 하나님께 대한 감사, 뜻밖에
큰 사랑을 보여 주신 상인회에 대한 감사, 그리고 이웃을 향하여 나
눈 선교적인 열매가 맺힌 것에 대한 감사였다.

여담으로, 상인회 회장님과의 대화는 이러했다.

"회장님, 너무나 감사합니다. 어떻게 이런 생각을 하셨나요?"

"그동안 우리가 많은 사랑을 받았으니, 우리도 보답해야죠."

"그런데 회장님, 사실은 저희 교회 온 교우가 다 같이 떡을 나누
어 먹으려면 열 가마 정도 필요합니다. 나머지 아홉 가마는 저희가
마천시장에 있는 떡집들에게 주문하겠습니다."

서로 고마워하며 함께 웃었다.

더욱 감사한 일은 몇 년 뒤에 상인회 회장님과 임원 한 분이 교
회를 나오기 시작했다. 또 몇 년 뒤에 상인회 회장님이 세례를 받았
다. 세례식에서 앞으로 남편과 가족들도 예수님 믿고 구원얻을 수
있도록 힘쓰겠다고 교우들 앞에서 약속했다. 하나님이 행하시는 일
들은 놀라울 뿐이다.

내가 곧 은퇴를 하게 된다는 사실을 안 마천시장 상인회에서 함
께 식사하고 싶다고 연락을 주었다. 얼마나 고마운 일인가. 그들과
친구가 되었다는 사실이 너무나 소중하게 여겨진다.

··· 사랑숲합창단 설립

사랑숲합창단은 다문화 어린이들과 한국의 어린이들이 서로의 다양한 문화와 전통을 나누며 함께 성장하고자 하는 목적으로 2023년 10월 1일 사단법인 러브트리에서 창단했다.

일반적으로는 다문화의 배경을 가진 어린이들을 모아서 합창단을 만든다. 하지만 깊이 생각해 보면 이런 접근으로는 다문화 가족들을 한 가족처럼 받아들이는 데에 한계가 있다.

본래 다문화 가족의 문화를 소수자들의 문제로 생각하기 쉽다. 하지만 이것은 다수자들의 문제이다. 즉 다수자인 우리나라 사람들이 소수자인 다문화 가족을 편견 없이 받아 주어야 한다. 그뿐만 아니라 다문화 가정의 2세들이 우리나라 국민으로 똑같이 활동할 수 있도록 그들을 수용하고 환영할 수 있어야 한다.

이러한 점에서 사랑숲합창단은 다문화 어린이들과 한국 가정의 어린이들이 똑같이 활동하면서 친구가 되어 함께 성장해 가는 것이 목표다. 이제는 훌륭한 합창단으로 성장하여 올해 처음 해외 연주로 일본 오사카를 다녀왔다. 앞으로 매년 다문화 출신들의 나라, 즉 인도네시아, 몽골, 베트남, 캄보디아 등의 나라 가운데 한 곳을 방문하여 연주할 목표를 갖고 있다. 그 해에는 그 나라의 음악과 문화를 함께 배우며 서로를 존중히 여기고 이해하는 노력을 지속하려 한다.

앞으로 우리나라의 미래는 다문화 자녀들과 어떻게 하나가 될 수 있느냐가 가장 중요한 과제인데 사랑숲합창단이 앞장서서 좋은 모델이 되어 주리라 확신한다.

··· 이 산지를 내게 주소서

갈렙의 기도가 우리의 기도가 되어야 한다. 갈렙은 기도만 하고 있었던 것이 아니라 직접 그 산지를 향하여 들어갔다. 우리가 복음과 사랑으로 정복해 들어가야 할 영역이 얼마나 많이 있는가. 탈북민, 다문화가정, 시장과 지역 상권, 저소득층, 소외계층 얼마든지 주변에는 주님의 사랑을 필요로 하는 이들이 살아가고 있다. 우리가 들어가지 않는다면 복음이 아닌 다른 것들로 채워질 것이다.

Chapter **21**...

떡 같은 교회가
되어야 합니다

⋯ 주님께 맡길 때 은혜가 쏟아진다

목사로서 35년 동안 아름다운교회, 나성영락교회, 잠실교회, 세 교회를 섬겼다. 주님의 부르심을 따라 주님이 세워 주시는 곳에서 섬긴 교회들이다. 이 세 교회를 목회하면서 세 교회 모두에서 동일하게 신앙의 표어로 삼았던 것은 오직 한 가지 '너희가 먹을 것을 주어라'였다. 사복음서 모두에 기록되어 있는 중요한 주님의 사역이셨다.

예수께서 이르시되 갈 것 없다 너희가 먹을 것을 주라" ◦마 14:16

베세다 광야에서 굶주린 무리들에게 오병이어의 기적을 이루신 주님이 제자들에게 하신 말씀이다. 이 말씀은 내 목회의 처음부터 마지막까지를 관통하고 있는 중요한 신앙고백이요 연결고리이기도 하다. 세상 속에 존재하는 교회는 굶주린 무리에게 떡을 나누어 주는 곳이 되어야 한다는 거룩한 부르심을 받은 곳이다. 그런데 제자들은 굶주린 대중을 바라보면서 여러 가지로 책임을 회피한다.

⋯ 무리를 보내어 마을에 들어가 먹을 것을 사 먹게 하소서 ◦마 14:15b

사실 불가능하다는 것을 알면서도 그들은 책임을 회피하고 있다. 그곳에 모인 사람이 성인 남자만 5천 명이라고 기록하고 있다면, 전체 모인 숫자는 1만 명이 훌쩍 넘었을 것으로 보인다. 현대 사회 웬만한 도시에서도 갑자기 1만 명이 흩어져 음식을 사 먹을 식당을 찾으라면 쉽지 않다. 그런데 그 옛날, 메마른 광야 어디에 이들이 사 먹을 곳이 있단 말인가?

제자들도 불쌍히 여기는 마음은 있지만 그들에게 아무런 대책은 없기에 다만 굶주린 그들이 자신들의 눈앞에 있지 않기를 바란 듯하다.

제자들이 이르되 여기 우리에게 있는 것은 떡 다섯 개와 물고기 두 마리뿐이니이다 °마 14:17

이는 "너희가 먹을 것을 주라"는 주님의 명령을 받은 제자가 한 말이다. 그는 있는 그대로의 사실을 전했다. 그들의 손에 있는 것은 모두를 먹이기 역부족이다. 떡 다섯 개와 물고기 두 마리는 그들의 손에 들려 있는 한 아무런 변화를 만들어 낼 수 없다. 하지만 이렇게 대책 없는 말만 하고 있는 제자들에게 주님은 "그것을 내게 가져오라"고 명하신다.

여기에 기적의 근원이 있다. 주님께 맡겨 드리는 것, 나에게 있는 소중한 것을 주님께 드리는 것이 중요하다. 주님이 역사하실 때 비로소 베세다 광야의 기적은 가능해진다.

굶주린 세상에 먹을 것을 주어야 할 사명을 받은 교회와 그리스도인들이 늘 확인하고 질문해야 하는 것은 '진정 우리가 주님께 온전히 맡겨 드리고 있는가?' '아직도 내 손에 쥐고 내 방법대로 하려고 힘쓰지 않는가?'이다. 주님이 역사하실 때 다 먹고도 남는 기적이 이루어진다.

목회하는 동안 변함없이 고백할 수 있는 것은 돈이 없어서 선한 일을 못 하는 것이 아니라 믿음이 없어서 못 하는 것이라는 사실이다. 능력이 없어서 못 하는 것이 아니라 주님께 맡겨 드리는 헌신과 위탁이 없어서 능력이 나타나지 않았다는 것이다. 주님이 일하시도록 우리가 헌신하고 위탁해 드릴 때 차고 넘치는 은혜가 부어진다.

··· 무슨 떡을 나누어야 하는가

교회가 세상에 나눌 떡은, 첫째, '생명의 떡, 구원의 떡'이다. 주님은 친히 나는 생명의 떡이라고 당신 자신을 계시했다.

예수께서 이르시되 나는 생명의 떡이니 내게 오는 자는 결코 주리지 아니할 터이요 나를 믿는 자는 영원히 목마르지 아니하리라 ˚ 요 6:35

주님은 이 세상을 구원하시기 위해서 낮고 천한 세상을 찾아오셨고, 친히 십자가에 달려 죽으심으로 죄 많은 죄인들을 대속했다. 누구든지 그런 주님을 영접하는 자에게 구원이 주어지고 영생이 주어진다. 이것이 복음이다. 이 소중한 생명의 떡, 구원의 떡을 부지런히 나누는 것이 그리스도인과 교회의 사명인 것이다.

> 내가 복음을 전할지라도 자랑할 것이 없음은 내가 부득불
> 할 일임이라 만일 복음을 전하지 아니하면 내게 화가 있을
> 것이로다 ˚ 고전 9:16

둘째, 우리가 나누어야 할 떡은 '사랑의 떡, 선행의 떡'이다. 우리가 섬기는 주님이 사랑이시기에 우리의 모습은 사랑이어야 한다. 산상수훈에서 주님은 분명히 이렇게 말씀하신다.

> 사람이 등불을 켜서 말 아래에 두지 아니하고 등경 위에 두나니
> 이러므로 집 안 모든 사람에게 비치느니라 이같이 너희 빛이 사람
> 앞에 비치게 하여 그들로 너희 착한 행실을 보고 하늘에 계신 너희
> 아버지께 영광을 돌리게 하라 ˚ 마 5:15-16

우리가 주님의 이름으로 착한 행실을 보일 때 사람들은 분명 하나님께 영광을 돌리게 된다는 것이다. 우리의 선행이 없다면 믿음이 없는 세상 사람들은 하나님께 영광을 돌릴 수 없다. 그만큼 믿는 이들의 선행과 사랑은 중요하다.

미국 남침례교총회에서 총회장이었던 칼 E. 베이츠(Carl E. Bates)

목사의 설교에 이런 이야기가 나온다.

"잠비아에 파견된 콜린 모리스 선교사로부터 굶어 죽은 원주민들의 이야기를 들었습니다. 그 원주민의 시체는 선교지역에서 100야드도 채 떨어지지 않은 곳에서 발견됐습니다. 해부해 보니 그들의 위 속에는 몇 장의 나뭇잎과 약간의 풀밖에 없었다고 합니다. 이러한 상황인데도 선교를 후원하고 있는 본국의 교단에서는 성만찬이 끝난 뒤 남은 빵을 어떻게 처리할 것이냐 하는 문제로 심각하게 싸우고 있다는 것입니다."

하나님의 자녀들이 생존에 관계된 굶주림과 고통에 대해서 결코 외면할 수 없는 것이다. 사랑의 떡, 선행의 떡을 부지런히 나누지 않는 것은 참으로 무책임한 것이다.

둘째, 우리가 나누어야 할 떡은 '진리의 떡'이다. 주님이 곧 말씀이 육신이 되셨다고 요한복음은 선포한다. 주님은 당신 자신을 계시하시면서 '나는 곧 길이요 진리요 생명'이라고 말씀하신다. 내가 곧 길이라고 하실 때에 여러 가지 길 중 하나가 아니라 유일한 길이라는 뜻이고, 내가 곧 진리라고 하실 때에는 여러 가지 진리 중 하나가 아니라 절대적인 진리라는 뜻이다.

오늘의 세계는 절대적인 가치관, 절대적인 진리 등을 잃어버린 세계라고 할 수 있다. 집단이 바벨탑을 쌓던 시대를 지나서 이제는 개인이 바벨탑을 쌓는 시대가 되었다. 나만 좋으면 된다는 가치가 온 세상에 팽배해 있다.

어떤 이는 오늘의 시대를 이렇게 표현했다. 한밤중에 백화점에 누군가 들어와서 가격표를 마음대로 바꾸어 놓은 것과 같은 시대라는 것이다. 진정한 가치가 무엇인지, 무엇이 소중한 것인지가 뒤죽박죽되어 버린 시대이다. 오늘 우리에게 꼭 필요한 것은 절대적인 가치관이요 변치 않는 진리이다.

아모스 시대를 성경은 이렇게 기록하고 있다.

주 여호와의 말씀이니라 보라 날이 이를지라 내가 기근을 땅에
보내리니 양식이 없어 주림이 아니며 물이 없어 갈함이 아니요
여호와의 말씀을 듣지 못한 기갈이라 °암 8:11

이 시대를 향하여 교회와 그리스도인들은 부지런히 절대적인 진리의 말씀을 나누어야 한다. 그것만이 온 세상에 가득한 영적 기갈을 극복할 수 있는 길이다.

주님이 우리에게 '너희가 먹을 것을 주어라'고 명하시니 이 땅의 교회들은 '떡 같은 교회'가 되어야 한다. 이 제목으로 설교할 때 교우들이 제목과 내용을 오랫동안 기억해 주었다. 설교 제목이 특이하기도 하지만 어떤 점에서는 흔히들 사용하는 비속어처럼 느껴지기도 해서였을 것이다. 하지만 사실 영적인 면에서도 오랫동안 기억해야 할 제목인 것은 분명하다. 왜냐하면 오병이어의 사건은

사복음서 모두에 기록되어 있는 사건이고 교회의 사명에 대하여 너무나 분명한 메시지이기 때문이다.

이 땅의 교회는 떡 같은 교회가 되어야만 한다. 그래야 세상의 굶주림을 채워 주시는 주님의 능력이 교회를 통해 나타날 수 있기 때문이다.

Chapter 22

새로운 땅
새로운 교회를 세웁니다

··· 북한이탈주민을 위한 교회를 세우다

우리나라에 주어져 있는 가장 중요한 역사적 소명은 통일 문제라고 생각한다. 이런 역사적 소명에 있어서 가장 중요한 위치에 있는 이들이 바로 북한이탈주민이다. 자유를 위하여 북한을 탈출하고 자유대한민국에 정착한 이들을 우리가 품어 내지 못한다면 통일 시대를 제대로 맞이하기 어렵다는 생각이 든다.

이러한 생각으로 잠실교회 사역 초기부터 성탄절이면 북한이탈주민을 초청하여 성탄절 만찬과 선물을 나누었다. 이렇게 가까워지기 시작하면서 그들에게 물어보았다.

"잠실교회가 여러분을 위하여 무엇을 해 드리기를 원하시나요?"

그들의 답은 분명했다.

"첫째는, 우리만의 공간이 있으면 좋겠습니다. 교회에서 주일에 함께 모여서 예배드리라고 방을 내줘도 거기에서는 내 집처럼 있을 수가 없어요. 남들 신경 쓰지 않고 우리가 울고 싶을 때 울고 기도하고 싶을 때 기도하는 우리만의 공간을 마련해 주세요. 둘째는, 우리 자녀들과의 갈등이 너무 많습니다. 한국에 와서 학교를 다니는 자녀들과 대화가 되지 않습니다. 그리고 우리 아이들을 학원에 보내서 공부시킬 형편이 안 됩니다. 우리만의 공간을 마련해 주시면 우리가 자체적으로 아이들 공부를 시키겠습니다."

그들의 어려움과 소망이 가슴에 와닿았다. 그즈음에 박광일 목사를 만났다. 그는 북한이탈주민 중 한 사람으로 한국에서 신학교를 다니고 목사가 되었다. 북한이탈주민들을 위한 교회를 세우려는 계획을 가지고 있었다. 하나님이 예비하셨다는 생각이 들었다. 박광일 목사와 함께 비전을 나누고 그들을 위한 교회를 세울 수 있도록 후원하기로 했다.

2015년 11월 22일(주일), 추수감사주일에 거여동에서 '아름다운 꿈의교회'를 창립했다. 교회 이름은 박광일 목사와 교우들이 스스로 정했다. 분명 통일의 꿈을 비전으로 삼고 있다는 뜻일 것이다. 이 교회는 지난 10년 동안 교우들과 함께 열심히 모이고 서로 사랑하며 보다 안정된 교회로 성장해 가고 있다. 박광일 목사는 북한이탈주민들과 함께 하나님의 말씀을 공부하며 미래 북한 복음화를 위한 복음의 일꾼으로 세워 가기를 원하고 있다.

아름다운꿈의교회는 북한이탈주민들이 자본주의 사회인 대한민국에 잘 정착할 수 있도록 격려하고 돕고 있다. 명절이 되면 교회에 모여 추억을 나누고 북한 전통 음식을 함께 만들어 먹는다. 그야말로 교회가 그들의 마음의 고향이 되어 있는 것이다.

현재 아름다운꿈의교회는 특별 절기가 되면 북한이탈주민들의 자녀들에게 장학금을 지급하며 격려하고 있다. 그들이 소원했던 방과후 공부방도 운영하며 자녀들의 학업도 돕고 있다. 이 공부방의 이름이 '통일꿈나무 방과후 공부방'이다. 교회의 비전이 분명히 드러나는 이름이다. 이 방과 후 공부방은 단순히 학업만을 돕기 위한 것은 아니다. 대부분의 부모들이 일을 하기 위해서 집에 없는 시간에도 아이들을 잘 지도하고 믿음을 가르치고 있다.

교회를 세운 이후 대략 140명의 북한이탈주민이 아름다운꿈의 교회를 통하여 예수 그리스도의 복음을 들었으며 120명의 북한이탈주민들이 이곳에서 신앙생활을 했다. 현재는 40여 명의 북한이탈주민이 함께 열심히 신앙생활을 하고 있다.

··· 아름다운위례교회를 설립하다

위례 신도시는 지금까지 신도시가 세워질 때와 달리 교회가 세워지기 어려운 조건이다. 교회가 설 수 있는 큰 종교부지가 아예 계획에 없다. 오직 크지 않은 부지들만 있다. 한마디로 대형교회가 들어설 수 없는 도시계획이다.

그래선지 다른 신도시에서 흔히 볼 수 있는 대형교회가 없다. 몇 개의 중형교회 정도가 있을 뿐이고 나머지는 모두 상가교회이다. 2024년 9월 현재 위례 신도시의 인구는 총 12만 6,168명이다. 이들이 편하게 나갈 수 있는 교회가 별로 없다면, 결국 이들 가운데 믿는 자들은 교회와 멀어질 수밖에 없을 것이다. 앞으로 한국 교회가 직면해야 하는 현실을 보는 듯하다.

위례지역은 앞으로도 상가교회가 얼마나 성공적으로 그 역할을 감당할 수 있느냐가 중요해 지는 지역이다. 이런 현실을 보고 상가의 한 층을 구입하여 '아름다운위례교회'를 설립하고 2017년

12월 25일 입당했다. 특별히 위례지역은 2-30대 젊은이들의 비율이 32퍼센트나 되는 젊은 지역이다. 앞으로 젊은이들을 대상으로 하는 목회지로 중요한 곳이다.

현재 아름다운위례교회는 젊은 교우들과 교육부가 꾸준히 성장하고 있으며 가족처럼 따뜻하고 건강한 교회로 자라 가고 있다.

··· 젊은이들이 모이는 교회를 만들다

현재 교회마다 가장 취약한 계층 중 하나가 바로 젊은이들과 젊은 부부 계층이다. 젊은 계층들이 어느 세대보다 먼저 교회를 떠나고 있고 따라서 교육부도 급격하게 축소되고 있다. 이것보다 심각한 교회의 위기가 무엇이겠는가? 결코 작은 문제가 아니며, 이를 회복하는 일은 결코 쉬운 일이 아니다.

사실 한국 교회와 한국 사회가 가지고 있는 중요한 문제가 이 젊은 계층과 연관이 있다. 교회를 떠나는 문제도 젊은이들 중심으로 생겨나고 있다. 저출산 문제, 이혼율의 급증 등 가정과 사회의 문제도 이 젊은 부부들에게 실질적인 문제이다. 교회학교 교육부의 문제도 이들의 문제이다. 젊은 부부는 그 다음세대까지 직결되는 만큼 가장 중요한 세대라고 할 수 있다.

이들을 위한 목회가 성공해야 한국 교회뿐 아니라 한국 사회에 희망이 생겨날 수 있다. 하지만 현실은 이들에 대한 이해가 부족하고 접근 방법을 제대로 찾지 못하여 소통에 어려움을 겪고 있다.

지금껏 목회하며 하나님이 내게 주신 축복 가운데 하나는, 세 교회 모두 젊은이들이 많이 성장했다는 점이다. 특별히 젊은 세대를 위해서 특별한 제도를 만들거나 예산을 집중적으로 투자하지 않았어도 젊은이들은 계속 늘어나고 활발하게 활동했다. 제도나 예산과 같은 외적인 것보다 우선적으로 본질적인 가치, 또한 그들을 이해하는 것이 훨씬 더 중요하다는 것을 확인할 수 있었다.

나성영락교회에도 부임해 보니 젊은 부부들의 모임은 전혀 없었고, 청년부에는 대략 30명 정도가 모이고 있었다. 주변 다른 교회로 다 흩어졌다는 보고만 들었다. 당회에 안건을 내어서 젊은이들을 위한 교구를 만들되, 전통적인 구역 모임이 아니라 부부 중심으로 모이게 하고 젊은이들에게 자율성을 부여해 주자고 요청했다. 그리고 4부 예배는 젊은이들이 준비해서 그들이 이끌도록 하고, 찬양도 그들이 원하는 곡들로 하자고 제안했다.

당시만 해도 젊은이들이 교회에 거의 모이지 않았기에 이 계획안은 쉽게 통과가 되었다. 그리고 계획대로 젊은이들 자체의 모임과 그들이 계획해서 만들어 가는 젊은 예배가 만들어지자 청년 모임, 젊은 부부의 모임이 놀랍게 성장해 갔다.

8년 반 목회하는 동안 청년 구역 하나 없었던 교회에서 젊은이들의 구역이 여러 셀, 여러 교구로 급성장하였다. 4부의 젊은 예배도 매우 활발해졌다. 잠실교회에서 가장 크게 성장하는 계층은

3-40대 부부들이다. 이들을 하나님의 성을 향한 하나님의 사랑, 부부에 대한 사랑과 기쁨의 의미로 '헵시바'라고 부른다. 현재 잠실교회에 등록하는 새가족들 중에 50퍼센트 정도는 이 헵시바 교구에 속하는 젊은 교인이다. 지금까지의 경험으로 볼 때 젊은이들이 활발하게 모이는 교회가 되려면 다음과 같은 목회적 방향과 배려가 필요하다.

생명 가치의 만남

생명 가치를 중요하게 여긴다는 점에서는 젊은 부부들이나 이전 세대나 차이가 없다. 본질에 충실하지 않는 영적 생활은 지속적일 수가 없고 내적인 동력이 생기지 않기 때문이다. 생명 중심이라는 것은 주님이 한 영혼 한 영혼을 중요하게 여긴 것처럼, 주님 중심으로 서로가 만나 함께 말씀과 기도를 통하여 삶을 나누는 모임이 되어야 한다는 뜻이다.

지시적이거나 권위적인 접근 방법은 젊은이들에게는 성공하기 어렵다. 누군가 가르치고 지도한다는 접근이 아니라 서로 삶과 신앙을 나누고 기도하는 자리를 만들어 주는 것이 매우 중요하다. 그러면 젊은이들의 모임은 절로 좋은 열매를 맺을 수 있다.

3-40대는 가정에서도 많은 책임이 있고 사회에서도 고민이 많을 때이다. 서로가 마음을 열고 삶을 나눌 때 서로 큰 힘과 위로를 얻는다. 특별히 함께 중보하고 서로를 위하여 기도하는 모임을 통

하여 하나님이 함께하심을 경험한다.

젊은 아빠들은 더더욱 교회가 낯설다. 그래서 잘 나오려고 하지 않는다. 하지만 서로를 위하여 기도하면서 기도에 응답을 경험할 때 마음을 열고 나오게 된다. 어떤 프로그램이나 훈련보다 소중한 것은 서로가 믿음 안에서 삶을 나누는 것이고 그 속에서 하나님의 손길을 경험하는 것이다.

멘토의 역할

3-40대 교구의 교구장을 권사님들이 감당하고 남편 되는 장로님이 멘토 겸 조력자의 역할을 감당하는 것이 좋다. 이미 살펴본 대로 가정생활, 사회생활에서 기반을 쌓고 뻗어 나가야 하는 중요한 시기에 신앙적이고 사회적으로 멘토가 되어 줄 선배가 있다면 얼마나 도움이 되겠는가?

전통적인 구조에서는 '부장' 하면 상대적으로 지시하거나 지도하는 위치였다. 젊은이들에게는 전혀 도움이 되지 않는 접근이다. 그러나 친구나 선배 또는 형과 같은 멘토가 있다면 믿음 생활에 접근하기 어려운 남자 교우들도 쉽게 마음을 열 수 있다.

교구장을 권사님들이 감당하는 이유는 역시 젊은이들도 실질적으로 믿음을 이끄는 것은 대체로 부인이기 때문이다. 우리 교회 교구장들은 책임을 맡은 이후로 대부분 새벽기도회를 나온다. 왜냐하면 젊은이들의 가정에 기도의 제목들이 많기 때문이다.

젊은 세대들에게는 제도가 아니라 인격적으로 접근하는 것이 절대적으로 중요하다. 믿음 안에서 좋은 멘토가 되어 주는 것은 섬김으로 접근하는 방법이다.

교육부의 활성화와 가정 중심의 활동

젊은 부부들 중에는 자신의 자녀들을 교육부에 맡기지 못하고 어린이 예배에 들어가서 아이들과 함께 예배드리는 부부가 이전보다 많이 늘어나고 있다. 과거에는 자녀들을 교육부에 맡겨 두고 그 시간만은 자신도 육아에서 벗어나 성인 예배에 들어가서 자신의 영성을 돌보는 경우가 대다수였다면, 요즘엔 아이들에게 온통 관심이 집중되어 있는 경향이 있다. 자녀 교육이 중요하다고 느끼기도 하지만 어떤 점에서는 자녀 교육이 어렵다는 의미이기도 하다.

젊은 부부의 모임이 좋아지려면 마땅히 교육부의 내용이 좋아져야 한다. 자녀들을 중요하게 여기는 만큼 자녀들을 통하여 가족이 신앙적으로 연합할 수도 있다. 자녀들에게 꼭 필요한 것들을 채워 주는 교회 교육이 되도록 힘써야 한다.

자녀들이 접하는 세계가 요즘처럼 자유롭고 위험한 때가 없었다. 이러한 점에서는 교육부도 부모들과 긴밀하게 연계하여 효과적인 교회 교육을 해야 하며 부모들도 서로 교제하며 자녀들을 위한 좋은 교육 방법들을 나누는 것이 중요하다. 갈수록 부모와 교회학교와의 협력이 중요해진다.

젊은 세대들은 가장 헌신적인 세대는 아니지만 가장 이상적인 세대이다. 그러한 점에서 젊은 세대가 중요하다고 여기는 요소들을 교회는 잘 갖추어야 한다.

전통적인 교회들이 사회로부터 받아 온 도전은 '너무 폐쇄적이다' 또는 '이기적이다' 같은 내용이었다. 젊은이들은 어떨까? 이들은 내가 소속할 교회가 '자랑스러운 교회'가 되기를 원한다. 젊은이들이 원하는 교회는 한마디로 '하나님 사랑과 이웃 사랑이 조화를 이루는 교회'이다.

특별히 구체적으로 이웃 사랑을 실천하는 교회가 되어야 한다. 많은 교회가 하나님 사랑은 강조하지만 상대적으로 이웃 사랑에 대한 실천이 약한 편이다. 그러할 때 교회에 대한 부정적 생각이 잘 바뀌지 않게 된다.

이러한 점에서 교회를 이끌어 가는 목회자의 비전이 중요하다. 목회자가 건강한 교회를 추구하고 무엇보다도 과거 지향적이기 보다 미래 지향적이어야 한다. 급변하는 세상의 이슈들을 이해하고 있고 신앙적인 답을 제시해 주어야 한다. 그뿐만 아니라 젊은 사람들이 교회나 신앙에 대해서 갖는 질문들에 대하여 성숙한 답을 제시해 주어야 한다.

교회는 결코 안주하지 말아야 한다. 복음으로 정복해야 할 영역이 교회 앞에 수없이 열려 있다. 지역사회, 문화, 다음세대, 다문화,

디지털과 AI로 펼쳐질 사회 변화 등 어떤 영역이든지 복음으로 영
향력을 펼치기 위하여 힘써야 한다.

디지털과 AI로 펼쳐질 사회 변화 등 어떤 영역이든지 복음으로 영